越史丛考

蒙文通著

巴蜀书社

图书在版编目（CIP）数据

越史丛考 / 蒙文通著. — 成都：巴蜀书社，
2025.3
（巴蜀百年学术名家丛书）
ISBN 978-7-5531-2137-6

Ⅰ.①越… Ⅱ.①蒙… Ⅲ.①南越（古越名）—民族
历史—研究 Ⅳ.①K289

中国国家版本馆 CIP 数据核字（2023）第 241732 号

越 史 丛 考
YUESHI CONGKAO

蒙文通 著

责任编辑	王承军
责任印制	田东洋 谷雨婷
封面设计	冀帅吉
出 版	巴蜀书社
	成都市锦江区三色路 238 号新华之星 A 座 36 层
	邮编：610023
	总编室电话：(028)86361843
	发行科电话：(028)86361852
网 址	www.bsbook.com.cn
印 刷	成都东江印务有限公司
版 次	2025 年 3 月第 1 版
印 次	2025 年 3 月第 1 次印刷
成品尺寸	130mm×210mm
印 张	5.375
字 数	110 千
书 号	ISBN 978-7-5531-2137-6
定 价	48.00 元

目　录

一 越族古居"扬子江以南整个地区"辨

　　"越"本国名,其族为"闽";后亦用为族称,泛指古东南沿海地区之民族。自越王勾践灭吴称霸之后,"越"名大显于世。战国而后,又有"百越"一词,泛指古东南沿海暨岭南地区及其居民。然以书缺有间,记载简略,事或若明若昧,遂致后世之论越史者,见仁见智,异说纷纭。越人分布地域即争论聚讼问题之一。陶维英《越南古代史》(科学出版社一九五九年中译本),近世论越史之名著也,于此竟谓:"春秋战国以前,当另外一个大族(汉族)占据着黄河流域的时候,而越族却占据着扬子江以南的整个地区。"歧义殊说,异乎平素所闻未有甚于此者。然而,核之载籍,羌非故实。

(一)楚、越畛域

　　《吕氏春秋·恃君》言:"扬汉之南,百越之际,敝凯诸、夫风、余靡之地，缚娄、阳禺、骓兜之国，多无君。""百越"一名殆始见于此。高诱注曰："越有百种。"盖其类非一也。此所举敝凯诸、夫风、余靡之地，缚娄、阳禺、骓兜之国，高诱曰："皆南越之夷无君者。"诸地虽皆无可具考，然此"百越之际"必在"扬汉之南"则无疑也。高诱释"扬汉之南"为"扬州汉水南"。高氏汉人，所说当有据。称扬州汉水者，盖以别于荆州汉水也。此扬州之汉水，当即《汉书·地理志》豫章郡之湖汉水。豫章古属扬州，故湖汉又得名扬汉。湖汉水上源颇多，故有湖汉九水之称，即今江西赣江水系诸水也。则"扬汉之南"即今赣江水系之南。赣江水系东以武夷山与福建分水，南以南岭与广东分水，是今福建、广东即《吕氏春秋》所谓"扬汉之南，百越之际"也。

百越之称屡见于《史记》，当可据以推寻其畛域。《项羽本纪》言："鄱君吴芮率百越佐诸侯。"据《东越列传》，吴芮所率百越之君即闽越王无诸、东海王摇也，二国所居为浙江南部及福建之地。《平津侯主父偃列传》言：秦始皇"又使尉佗、屠睢将楼船之士南攻百越"。据《南越尉佗列传》《淮南子·人间》，尉佗、屠睢所攻之百越，南海、西瓯也，略当今广东、广西之地。贾谊《过秦论》言始皇"南取百越之地，以为桂林、象郡"，亦略当今广西地区。是汉世所谓百越之地与《吕氏春秋》所言基本相同而境宇稍广。然皆未尝以荆楚为越也，犹是《荀子》越、楚各别之义。

《荀子·儒效》言:"居楚而楚,居越而越,居夏而夏。"同书《荣辱》又言:"越人安越,楚人安楚,君子安雅(夏)。"是越、楚、夏本为三地,越人、楚人、夏人本为三族,事至显也。此三地之畛域,《荀子》虽未确指,然于文献亦略可推考。《史记·货殖列传》言:"颍川、南阳,夏人之居也。"又言:"陈在楚、夏之交。"则是略以淮水、汉水为楚、夏分界也。淮水以南为楚,淮水以北为夏,大致分明。至于越、楚分界,亦可于《货殖列传》中推寻。传言:"自淮北、沛、陈、汝南、南郡,此西楚也。""衡山、九江、江南、豫章、长沙,是南楚也。其俗大类西楚。"西楚、南楚皆楚故地,楚人居之历时久远,故其俗"大类"。传又言:"彭城以东,东海、吴、广陵,此东楚也。其俗类徐、僮。朐、缯以北,俗则齐。浙江南则越。"东楚之地虽亦名楚,然皆战国时取之齐、越者,楚人居之未久,旧俗尚存,故其习俗与西楚、南楚不同而类齐、越。传谓豫章、长沙(略当今江西、湖南)为南楚,当是楚之南土;而越则更在其南,《方言》所谓"南楚之南"者也。《淮南子·人间》言:秦始皇"利越之犀角、象齿、翡翠、珠玑,乃使尉屠睢发卒五十万为五军:一军塞镡城之岭,一军守九疑之塞,一军处番禺之都,一军守南野之界,一军结余干之水,三年不解甲弛弩……以与越人战。"镡城在汉武陵郡南界,九疑在汉零陵郡(原属长沙)南界,番禺在汉南海郡,南野在汉豫章郡南界,余干在汉豫章郡东界。五军所处为一勾月弧,长沙、豫章正处此勾月弧内。《山海经·海内东经》言:"沅水出象郡镡城西,东注江。"象郡故百越地,是勾月弧内为楚,勾月弧外为越,事亦至显。与前揭《史记》诸篇所称百越之地者亦正合。《汉书·地理志》言:"粤(越)地,牵牛、婺女之分野也,今之苍梧、郁林、合浦、交趾、九真、南海、日南,皆粤分也。"会稽之为越地,自不待论。此七郡合会稽正处此勾弧之外。《货殖列传》以习俗判楚地,《地理志》以分野述越地,而《淮南子》则以五军所处划楚、越之界;三书虽各明一事,然其所说楚、越之地则若合符节。是战国秦汉之世,楚、越之畛域固厘然各别也。则是长江中下游几尽楚地,何得谓长江以南尽越人所居也。

抑再论之,越人之盛始于勾践,已届春秋之末,而楚国之盛则早在西周:昭王伐荆楚,"南征而不复",周人遂不再得志于江南。夷王之时,楚熊渠"兴兵伐庸、扬粤,至于鄂"。春秋之初,楚武王始开濮地,楚文王尽食江汉诸姬。楚成王时,"楚地千里",楚庄王时,北伐陆浑之戎,观兵于周疆,问鼎于周室,继又大败晋师于邲。是在越人兴盛之前,楚人早已据有长江中下游之地,越人曾不得侧足其间,则所谓"春秋战国时代以前""越族占据着扬子江以南的整个地区"云者,诚瞀说也。

然世之论者或以《史记·楚世家》所载"扬越""夷越",《史记·周本纪》言"荆蛮文身断发"为辞,谓扬越、夷越、荆蛮皆在长江中游之汉水流域（罗香林《中夏系统中之百越》，一九四三年独立出版社印行），以证越人古居江汉流域。然此说非是。《楚世家》所谓扬越者，即楚熊渠所封越章王之地，汉为丹阳郡，古属扬州，本有越人，故称扬越（下详），何能置于荆州之汉水流域也。至《战国策·秦策三》载蔡泽言"吴起为楚悼王……南攻扬越"之扬越，更不得在汉水。此"扬越"，《史记·吴起列传》作"百越"，当指苍梧而言。《楚策一》载苏秦言：楚"东有夏州、海阳，南有洞庭、苍梧"。苍梧本百越地，正吴起"南攻扬越"所得者。《后汉书·南蛮传》叙吴起事作："吴起相悼王，南并蛮、越，遂有洞庭、苍梧。"范晔于此显为兼取蔡泽、苏秦之言而连缀成文，惧读者误洞庭为越地也，于是变"扬越"之文为"蛮、越"，盖以洞庭为蛮而苍梧为越，意至明也。是此扬越绝不得在汉水也。《楚世家》载楚成王时，"天子赐胙曰：'镇尔南方夷、越之乱，无侵中国。'"然此南方夷、越之族未必尽居楚地也，其居于楚境者不过越章之扬越而已，不可谓楚地尽为越夷之居也。至《周本纪》所载太伯、虞仲所出奔之荆蛮，其地之所在当合《吴太伯世家》考之。《世家》曰："太伯奔荆蛮，自号句吴，荆蛮义之，从而归之千余家。"既"自号句吴"，是太伯所奔之族虽为荆蛮，而所奔之地则句吴也。释者皆谓句吴在无锡，非楚地也，更不得在汉水流域也。《吴太伯世家》索隐释"荆蛮"曰："蛮者，闽也，南蛮之名，亦称越。"此"文身断发"之"荆蛮"固为越人，而其所居亦止句吴之地而已。合荆蛮、扬越之地计之，其于长江下游不过江南一隅而已。苟据此以论整个长江以南尽为越人所居，岂不谬哉！

（二）楚、越同祖辨

楚、越之畛域既明，则古长江流域为楚人之居地亦明。然论者或又大倡"楚、越同祖"之说，其意谓楚、越既为同祖，"共同渊源于一个芈姓的种族"（陶维英《越南古代史》），当即楚人既居长江，亦即越人据有长江也。然此楚、越同祖之说，则又未必足据。

楚、越同祖之说肇自《世本》。《史记·越世家》正义引《世本》云："越，芈姓也，与楚同祖。"《国语·吴语》韦昭注云："勾践，祝融之后，允常之子。芈姓也。《郑语》：'芈姓夔越。'《世本》亦云：'越，芈姓也。'"是《世本》之说当又出自《郑语》。《郑语》载史伯言："融之兴也，其在芈姓乎？芈姓夔、越，不足命也。蛮芈，蛮矣，唯荆实有昭德，若周衰，其必兴矣。"此"芈姓夔越"四字，世人多以"夔越"连读，遂谓有所谓"夔越"国。然此读非是。应读"芈姓夔、越"，夔、越各是一国。此夔、越二国皆楚附庸，为周夷王时楚熊渠之子受封之国，无疑当为芈姓。则是此芈姓之夔与越当为楚族而非越族，亦与后世百越无关。或据此以论百越中有所谓"夔越"者，乃不根之论也。

然此夔、越分读之说，前人未尝道及，请申论之。

楚之封国有名"夔"者，见于《左传》。僖公二十六年（公元前六三四年）载："夔子不祀祝融与鬻熊，楚人让之。对曰：'我先王熊挚有疾，鬼神不赦，而自窜于夔，吾是以失楚，又何祀焉。'秋，楚成得臣、斗宜申帅师灭夔，以夔子归。"杜预注曰："夔，楚之别封，故亦世绍其祀。""熊挚，楚嫡子，有疾不得嗣位，故别封为夔子。"说与史合，惟未言熊挚为谁氏之子，斯为不足。考《汉书·古今人表》载："楚熊挚，渠子。""楚挚红，渠子。""楚熊延，挚弟。"《楚世家》正义引宋均注《乐纬》云："熊渠嫡子曰熊挚，有恶疾不得为后，别居于夔，为楚附庸，后王命曰夔子也。"宋氏正据《左传》及《古今人表》为说，是熊挚为熊渠嫡子，足补杜氏之说。然熊渠三子事，《楚世家》所载略异："熊渠生三子。当周夷王时……熊渠甚得江汉间民和，乃兴兵伐庸、扬粤，至于鄂。……立其长子康为句亶王，中子红为鄂王，少子执疵为越章王。皆在江上楚蛮之地。……母康早死，熊渠卒，子熊挚红立。挚红卒，其弟弑而代立，曰熊延。"审上下文，知康即母康，红即挚红，执疵即熊延也。是熊渠中子、少子之名，与《古今人表》全合，唯长子之名则异。然《人表》有熊挚而无母康，《楚世家》有母康而无熊挚，是母康当即熊挚；且熊挚为"嫡子"，"有恶疾"，与母康"长子""早死"之说亦合。是熊挚、母康应为一人二名，犹执疵之即熊延，亦一人二名也。

再就封地言之，熊挚之夔、母康之句亶实即一地。

《楚世家》载熊渠三子之封也,以伐庸、扬越及鄂,是鄂王所封当为鄂,越章所封当即扬越(详下),而句亶所封即庸地也。《续汉书·郡国志》言:"上庸,古庸国。"上庸治今湖北竹山县。《左传》文公十六年(公元前六一一年)载庸有鱼邑。《续汉书·郡国志》刘昭注言:巴郡"鱼腹,古庸国"。鱼腹治今四川奉节。是春秋之世,庸地尚广,北有竹山,南有奉节。熊挚所居之夔为今秭归,与奉节相接,且当奉节至竹山路途所经。是夔当本庸地而后为楚所夺,宜即熊渠伐庸所得以封母康者也。《水经·江水》言:江水"又东过秭归县之南"。郦道元注云:"县故归乡,《地理志》曰:'归子国也。'……宋忠曰'归即夔',归乡盖夔乡矣。古楚之嫡嗣有熊挚者,以废疾不立而居于夔,为楚附庸,后王命为夔子。……江水又东南径夔城南,跨据川阜,周回一里百一十八步。……熊挚始治巫城,后疾移此。盖夔徙也。《春秋左传》僖公二十六年,楚令尹子玉灭夔者也。服虔曰:'在巫山之阳,秭归夔乡矣。'"是道元以秭归即夔,为熊挚之国。此说是也。然道元于此又言:"《宜都记》曰:'秭归盖楚子熊绎之始国,而屈原之乡里也。'……江水又东径一城北……北对丹阳城,城据山跨阜,周八里二百八十步。……楚子熊绎始封丹阳之所都也。……又楚之先王陵墓在其间,盖为征矣。"则是道元又以秭归为熊绎始封之国也。两说显相违戾,而道元竟无是非可否之辞,盖未之深考而姑两存其说耳。考《左传》昭十二年(公元前五三〇年)载楚右尹子革言:"昔我先王熊绎,辟在荆山。"荆山在枝江(下详),非秭归也。且秭归乃熊渠伐庸而后有之,何得熊绎始封即居其地。盖熊渠既有其地以封熊挚,熊挚子孙世居于此,遂有先王宗庙陵墓;后人不察,以为熊绎始封之国,传闻之误也。是母康所封之庸即熊挚所居之夔,无复可疑。则熊挚即母康亦可决也。

既明"夔、越"之"夔",请再言"夔、越"之"越"。

"夔、越"之"越",应即熊渠少子执疵受封之越章王国之省称,其封地即熊渠所取扬越之地。越章封地,文献不详。惟其国既名越章,其应与"越"及"章"有关。章应即鄣山,"章""鄣"字通。《山海经·海内南经》言:"三天子鄣山,在闽西北。"郭璞《山海经注》、刘昭《续汉书·郡国志》注补并以三天子鄣山在汉丹扬郡(或作丹阳)。《汉书·地理志》言:"丹扬郡,故鄣郡,属江都;武帝元封二年更名丹扬,属扬州。"丹扬原名鄣郡,当正以郡有鄣山之故。丹扬郡北、西与九江、庐江接,西南与豫章接,东、南皆与会稽接,略当今皖南、苏南及浙西之地。此扬州之丹扬郡为孙吴时山越活动最剧之区。地既与会稽相接,会稽乃勾践国,其有越人本自宜然;此正扬越、越章之所以有越称也。《汉书·地理志》言:丹扬郡"丹阳:楚之先熊绎所封,十八世文王徙郢"。此丹阳在今安徽省当涂县。班氏谓此丹阳为楚之故都是也,唯不得为熊绎所居而当为越章王所居耳。盖"熊绎辟在荆山",既不得在秭归,亦不得在当涂也。

熊绎所居之丹阳当在湖北枝江。《楚世家》言:"熊绎居丹阳。"集解引徐广曰:"在南郡枝江县。"正义引颍容《三传例》云:"楚居丹阳,今枝江县故城是。"《续汉书·郡国志》载:南郡枝江县"有丹阳聚"。数说相合。此丹阳当即熊绎所居也。《左传》桓公二年正义引《世本》:"楚鬻熊居丹阳。"宋忠注曰:"丹阳在南郡枝江县。"宋忠以丹阳在枝江是也,而以此丹阳为鬻熊所居则误。鬻熊所居丹阳在今河南南阳,说详宋翔凤《过庭录》九,此不赘论。熊绎所居丹阳,当以与"辟在荆山"相合者为是。《汉书·地理志》言:南郡临沮县,"《禹贡》南条荆山在东北,漳水出焉"。《水经·漳水》言:"漳水出临沮县东荆山,东南过蓼亭,又东过章乡南,又南至枝江县北乌扶邑入于沮。"《水经·沮水》亦言:沮水"东南过临沮县界,又东南过枝江县东南入于江"。郦道元注云:"沮水出东汶阳郡沮阳县西北景山,即荆山首也。……故《淮南子》曰'沮出荆山'。"枝江与临沮本相临接,是枝江之丹阳与"辟在荆山"之说最合,当为熊绎所居。盖楚先世建都之地咸名丹阳,故鬻熊、熊绎、熊挚、执疵所居并名丹阳。春秋而后,楚都名郢,故徙都所至皆有郢称。是犹殷人所都多有亳称也。然汉晋学者或知熊绎之居名丹阳,而昧于熊挚、执疵所居亦名丹阳,遂以此三数丹阳并为熊绎所居,贻误后学多矣。

熊渠所封三王又号三侯，《吴越春秋·勾践阴谋》言：
"羿传逢蒙，逢蒙传于楚琴氏，琴氏传之楚三侯。所谓句
亶、鄂、越章（原脱"越"字，据注补），人号麋侯、翼侯、魏
侯也。"此当即《楚世家》所谓"熊渠畏其（指周厉王）伐
楚，亦去其王"，故改三王为三侯也。《水经·江水注》言：
"江水又径鲁山南，古翼际山也。《地说》曰'汉与江合于
衡北翼际山旁'者也。"翼际山即今龟山，为鄂王之地，是
翼侯即鄂王也。魏、夔音近字通（见《尔雅义疏·释
畜》），是魏侯即夔王，即句亶王也。而麋侯即越章王也。
战国时越有麋王疑即王麋侯故地。

楚熊渠封三子之事既明，则所谓"芈姓夔、越"即句
亶、越章亦明。二国本楚宗室，故为芈姓、祝融之后，故史
伯言"融之兴也，其芈姓乎"时，举此二国与荆（楚）相况，
何得另有所谓越族之夔越国也。是韦昭言"勾践、祝融之
后，允常之子，芈姓也"，为误读《郑语》之文，事至显也。
《路史·国名记丙》言："越，芈姓，古南越。《盟会图疏》
云：'南越，广州。'"《春秋盟会图》，三国时吴唐固作。固
亦尝注《国语》，当亦误读《郑语》；但又知说勾践之越为
芈姓绝不可通，于是以"南越，广州"为释，然此说绝无旁
证，未可据也。

韦昭注"芈姓夔、越"言："夔越，芈姓别国。楚熊绎六
世孙曰熊挚，有恶疾，楚人废之，立其弟延，挚自窜于夔。"

《左传》僖公二十六年正义引孔晁说略同。韦氏知熊挚为绎六世孙,是已用《古今人表》之说,当已知挚为熊渠子。然尚未知挚之即句亶王母康也,故未能以越章释"夔、越"之"越",诚失之眉睫也。正以其不知"夔、越"之"越"为越章,遂以勾践之越当之,故于《吴语》注中云云既取《郑语》为说,又以《世本》坐实之,似若可信矣;然《世本》一书亦未必尽为可据。《世本》虽为先秦旧籍,实出战国末叶赵人之手(见张澍《辑世本序》)。北土人士于吴越史事本不甚了了,前世学者早已疑之。《左传》昭公二十七年正义言:"司马迁采《世本》作《史记》,而今之《世本》与迁言不同,《世本》多误,不足依凭。""越,芈姓也,与楚同祖"之说,或亦《世本》作者误读《郑语》而然,故为司马迁所不取,当即误说之一。且《世本》传本之讹误、增益亦多。《史记·燕世家》索隐言:"谯周云:'《系本》(即《世本》)谓燕自宣侯以上皆父子相传,故无所疑。桓侯以下并不言属,以其难明故也。'按今《系本》无燕代系,宋忠依太史公书以补其缺。寻徐广作音,尚引《系本》,盖近代始散逸耳。"《颜氏家训·书证》亦以《世本》有汉高祖、燕王喜,疑其"非本文也"。《史通·古今正史》更径以《世本》为秦汉之际好事者所录。《隋书·经籍志》著录《世本》凡三种。隋世既已有三本,则汉世所见与后世所传未必同也。"越,芈姓也,与楚同祖"之文或即出自先秦旧本,然为司马作《史记》所不取,亦为赵煜、袁康作《吴越春秋》《越绝书》所不取，岂无所见而然耶！苟可据《世本》、韦昭之说以越勾践为芈姓，遂合楚、越为一族，岂不可据《越世家》"越王勾践，其先禹之苗裔，而夏后帝少康之庶子也"，遂合越与中夏为一族也。学人中固亦有作如是说者，是则余之弗敢知也。

且勾践之究为芈姓，抑为姒姓，特越国统治者王室之族别而已，无与于越国被统治者广大人民之族别也。一国之统治者与被统治者民族不同，中外历史不乏其例。当蒙古、满族建立元、清王朝之际，岂谓全国尽蒙、满之族乎！善乎颜师古注《汉书·地理志》之言也："越之为号，其来尚矣。少康封庶子主禹祠，君于越地耳，故此志云'其君禹后'，岂谓百越之人皆禹苗裔！"颜氏以统治者与被统治者未必同族为说，此义至明且善。《世本》、韦昭"楚、越同祖"之说，亦第就楚、越之统治王室言之耳，即坐实其言，岂可据之以论越、楚两国人民之民族乎？诚持论如此，是其识见下于千余年前之颜师古远矣！

（三）楚、越不同族

楚、越畛域既殊，楚、越亦不同祖；又据诸书所载，楚、越人民亦不得为同族也。楚、越民族之不同，当自其民族特征考论之，诸民族特征中又以语言、文化为主。今据文献所载，先论楚、越语言之不同。《说苑·善说》载："鄂君子晳，楚王亲母弟也，官为令尹。""泛舟于新波之中，榜枻越人拥楫而歌,歌辞曰:'滥兮抃草滥予昌枻泽予昌州州饍州焉乎秦胥胥缦予乎昭澶秦逾渗惿随河湖。'鄂君子晳曰:'吾不知越歌,子试为我楚说之。'于是乃召越译,乃楚说之曰:'今夕何夕兮,搴舟中流(原作"中洲")。今日何日兮,得与王子同舟。蒙羞被好兮,不訾诟耻。心几顽而不绝兮,得知其子。山有木兮木有枝,心说君兮君不知。'"楚人听越歌而尚需翻译,是楚、越语言之不同也至明。近世学者莫不以此歌词为不同于汉语之少数民族语言,且迄未能译读。其在汉世,越人受楚文化之影响已渐深,而扬雄于《方言》中,犹以吴越(吴、越同语、同族,详后《百越民族考》)与荆楚为不同方言区。《方言》载吴越词语十余条中,其中以楚、越对比者二事:卷六载:"伆,邈,离也。楚谓之越,或谓之远,吴越曰伆。"吴越与楚语言之异至显也。卷二又载:"荆扬之间,凡言广大者谓之恒慨,东瓯之间谓之蓁绥,或谓之羞绎纷母。""荆扬之间"即楚也,东瓯为越国,楚、越语言之异于此亦极分明。且此东瓯词语亦尚未能译读。总此数事观之,楚、越语言之异,已非同一语言之地方变体,而当为不同之民族语言明矣。

次言文化特征。就全面文化特征以考论楚、越民族之不同,今尚无此条件,且先就习俗言之。前揭《荀子》分楚、越、夏为三地区、三民族,其主要依据即为习俗之异。《荀子》之言曰:"居楚而楚,居越而越,居夏而夏,是非天性也,积靡使之然也。""越人安越,楚人安楚,君子安雅,是非知能材性然也，是注错习俗之节异也。"是楚、越、夏三地、三族习俗之异至为显然。《淮南子·齐俗》亦言："越王勾践，劗发文身，无皮弁搢笏之服，拘罢拒折之容，然而胜夫差于五湖，南面而霸天下，泗上十二诸侯皆率九夷而朝。胡、貉、匈奴之国，纵体拖发，箕踞反言，而国不亡者，未必无礼。楚庄王裾衣博袍，令行乎天下，遂霸诸侯。"劗发文身之俗，非仅勾践，越人皆然；而此则绝不见于楚、夏，楚、越习俗之异，于服饰所见极明显也。

《左传》昭公十七年载：吴、楚战于长岸，楚师"大败吴师，获其乘舟余皇。……吴公子光请于其众曰：'丧先王之乘舟，岂惟光之罪，众亦有焉。请借取之以救死。'众许之。使长鬣者三人潜伏于舟侧，曰：'我呼余皇则对。'师夜从之，三呼皆迭对，楚人从而杀之。楚师乱，吴人大败之，取余皇以归"。杜预注云："长鬣，多髭须，与吴人异状，诈为楚人。"诈为楚人而需择长鬣者为之，是长鬣为楚人之体质特征也。吴、越同族（详后《百越民族考》），吴、楚体质之异，亦即越、楚体质之异也。

由是观之，楚、越之人，非仅语言、习俗不同，其体质当亦不同，则楚、越之不同族也断断然矣。欲倚楚、越同族以证古代"越族占据扬子江以南整个地区"者，失所凭依矣。

国内外学人谓长江流域古有越人者不乏其人。然持此说者，不过就楚越同祖、夒越、扬越、夷越诸事论之而已,尚未有言"扬子江以南整个地区"尽越人所居者也,更未有言居古中国之越人"在来自北方的人的逼迫下"乃西南迁徙至越南者也。陶氏《越南古代史》综此诸说进行疏通证明,而予以理论化、系统化。越人后此之论越南古史者,莫不祖述其说,甚或扬其波而炽其焰。此诸说者,实多影响之谈、附会之说,核之史实,舛缪自见。谨辨越人古居"扬子江以南整个地区"之误如上。古越人迁徙之事当于另篇详之。

二　百越民族考

　　百越之民族问题,亦为越史研究中争论问题之一。余于《越族古居"扬子江以南整个地区"辨》篇既明古代百越唯居东南沿海暨岭南之地,今当进而探究此区域之民族问题,亦即文献可考时期之"百越",究为单一之越族,抑为多个民族之泛称。余意以为后者而非前者。

　　百越非止一族之义,汉以来学者多已道及。《汉书·高帝纪》师古注释"百越"引服虔曰:"非一种,若今言百蛮也。"高诱注《吕氏春秋·恃君》,释"百越"曰:"越有百种。"《文选·过秦论》李善注引《音义》曰:"百越非一种,若今言百蛮也。"应劭、韦昭、萧该皆有《汉书音义》,徐广有《史记音义》,李善所引不知出于何家。自服虔、高诱迄应劭、徐广,皆汉魏六朝著名注家,言皆相合,宜可信据。《汉书·地理志》师古注引臣瓒亦言:"自交趾至会稽七八千里,百越杂处,各有种姓,不得尽云少康之后也。按《世本》'越为芈姓,与楚同祖',故《国语》曰:'芈姓夔越。'然则越非禹后明矣。又芈姓之越,亦勾践之后,不谓南越也。"臣瓒之释《世本》《国语》虽有未当,然"百越杂处,各有种姓"、勾践之越与南越不同族,则为确论。惜诸家于"越有百种""各有种姓"皆未予分说,是为至憾。然亦不无踪迹可寻。兹就重要民族特征之语言及习俗考论之。

记录百越语言之资料绝少,于扬雄《方言》可略予窥测。《方言》之全称为《輶轩使者绝代语释别国方言》,此已昭示书中所载"方言"与现代语言学之"方言"一概念不尽相同,既有汉语之地方变体,又有部分少数民族语言,所谓"别国方言"也。卷八载:"虎,陈、魏、宋、楚之间,或谓之李父,江、淮、南楚之间谓之李耳。"后世汉语中未见称虎为李父、李耳者,唯湖南土家语中犹有遗存(见潘光旦《湘西北的"土家"与古代的巴人》,载中央民族学院研究部编《中国民族问题研究集刊》第四辑,一九五五年)。同书卷二载:"荆扬之间,凡言广大者谓之恒慨,东瓯之间谓之蔘绥,或谓之羞绎纷母。"此东瓯词语,自来训诂家皆不得其正解,显为已死亡之语言。卷一又载:"允、䛐、恂、展、谅、穆,信也;……西瓯、毒屋、黄石野之间曰穆。"允、䛐、恂、展、谅诸语,当为同一语音之分化,而"穆"之语音则与之相去绝远,似亦当为少数民族之语言。故《方言》中所划之"方言区",多数为汉语之不同方言区,而部分则当为不同之民族语言区。且方言之形成,或由亲属语言之分化与统一,或由非亲属语言之交配,当就各方言区具实论之。原为少数民族地区之方言,宜当为不同语言之交配也。罗常培、周祖谟两氏研究《方言》中之方言时曾谓:"燕之北鄙""南楚""吴、越"等"都是比较特殊的方言"(见所著《汉魏南北朝韵部演变研究》,科学出版社一九五八年版)。余谓此类"特殊方言"之形成,正以其地原为少数民族居住区之故。此种特种方言实多当为该地原住少数民族语言之遗存。故余以《方言》中所载原百越地区之不同"方言",当可视为原百越地区中不同民族语言之遗存。

据《方言》所载百越地区之不同"方言",合百越各地之不同习俗论之,百越民族略可分为吴越(包括东瓯、闽越)、南越、西瓯、骆越四族。

(一)吴、越

《史记》言吴、越皆为古国。吴为周太王长子太伯之后,越为夏少康庶子之裔。吴居今苏南,都于吴(今江苏苏州);越居今浙北,都会稽(今浙江绍兴)。二国王室虽皆"华夏"之裔,而二国语言则显与华夏不同。《说苑·善说》所载"越人歌"即其显证(见前篇)。越语不仅与楚语不同,且亦与华夏迥异。《越绝书》载有越语之不同于华夏者数事:《吴内传》载:"越人谓人铩也。方舟航买仪尘者,越人往如江也。治须虑者,越人谓船为须虑。……习之于夷,夷,海也。宿之于莱,莱,野也。致之于单,单者,堵也。"《记地传》载:"姑中山者,越铜官之山也。越人谓之铜姑渎。""越人谓盐曰余。"越、夏语言之异至为明显。故《盐铁论·相刺》言,"越人夷吾,戎人由余",虽"并显于齐、秦",必"待译而后通"。《春秋》襄公五年载:"会吴于善稻。"《穀梁传》云:"吴谓善,伊;谓稻,缓。号从中国,名从主人。"《经典释文》云:"善稻,吴谓之伊缓。"是吴语与华夏之异亦至显也。

吴、越语言虽皆与华夏有别,"待译而后通",而吴、越之间则能互通。《吕氏春秋·知化》载:吴王夫差将伐齐,子胥曰:"不可。夫齐之与吴也,习俗不同,语言不通,我得其地不能处,得其民不得使。夫吴之与越也,接土邻境,壤交通(道)属,习俗同,言语通,我得其地能处之,得其民能使之。越于我亦然。"《吴越春秋·夫差内传》载大夫种言:"且吴与越,同音共律,上合星宿,下共一理。"《越绝书·纪策考》载子胥言:"吴、越为邻,同俗共土。"同书《记范伯》载范蠡言:"吴、越二邦,同气(《史记·吴世家》正义引此作"同风")共俗。"义皆相同。当正以吴、越语言相同,故《方言》以"吴、越"为一方言区。《方言》载:杯,"吴、越之间曰盝"(卷五);辅,"吴、越曰胥";离,"吴、越曰伤";与,"吴、越曰诬,荆、齐曰谄与";谑,"吴、越曰諹潽"(并卷六);相爱怜,"吴、越之间曰怜职";干,"吴、越曰煎煆";"吴、越饰貌为询,或谓之巧"(并卷七)。凡此之类,似皆不可以语音之演化说之,此罗、周二君所以谓之"特殊方言"者耶！

子胥、大夫种、范蠡皆言吴、越二国不仅语言相同，且其习俗亦同。吴、越之习俗相同而又大异于华夏者，莫著于"断发文身"。《越世家》言：越之先世封于会稽，"断发文身，披草莽而邑焉"。先秦故籍《墨子·公孟》《庄子·逍遥游》《逸周书·王会》《战国策·赵策二》诸篇，并载越人有断发文身之俗。《吴世家》亦载：太伯、仲雍居于句吴，"文身断发，示不可用"。《左传》哀公七年亦载：仲雍在吴，"断发文身，裸以为饰"。《穀梁传》哀公十三年亦言："吴，夷狄之国也，祝发文身。"注曰："祝，断也。"吴、越两国之语言、习俗既皆相同，则其人民宜为同一民族也。虽其统治者王室或云出自华夏，近世出土之吴、越铜器，其文字系统亦同华夏，此当为华夏文化之影响，无与于广大人民之族别也。

《史记·东越列传》言："闽越王无诸及东海王摇者，其先皆越王勾践之后也。……汉五年（公元前二〇二年），复立无诸为闽越王，王闽中故地，都东冶。孝惠三年（公元前一九二年），举高帝时越功曰：'闽君摇功多，其民便附。'乃立摇为东海王，都东瓯，世俗号为东瓯王。"瓯、闽之封王虽皆在汉代，而闽、瓯之名则早见于周世。《周官》之《职方》《司隶》《象胥》、《山海经·海内南经》、《逸周书·王会》，皆著其名。梁玉绳《史记志疑》谓瓯、闽之不始于勾践，是也；然又疑闽、瓯不得与勾践同其族类则非也。《王会》言:"越沤(瓯)鬋发文身。"《赵世家》《赵策二》并言:"剪发文身,错臂左衽,瓯越之民也。"《汉书·严助传》载淮南王谏伐闽越言:"越,方外之地,劗发文身之民也。"是断发文身之俗亦闽、瓯与吴、越所共有,故闽、瓯当与吴、越同族也。

(二)南越、西瓯

贾谊《过秦论》言:秦"南取百越之地,以为桂林、象郡"。《史记·秦始皇本纪》载:三十三年(公元前二一四年),"略取陆梁地为桂林、象郡、南海"。是桂林、南海、象郡皆百越之地。秦末,龙川令赵佗行南海尉事,"秦已破灭,佗即击并桂林、象郡,自立为南越武王"。后又径自尊号为南越武帝,废弃华夏制度,自称"蛮夷大长老","椎髻箕踞"而见汉使。《史记》《汉书》之《陆贾传》、《说苑·奉使》并载其事。《论衡·率性》言:"南越王赵佗,本汉贤人也,化南夷之俗,背叛王制,椎髻箕坐,好之若性。"是赵佗之"椎髻箕坐",犹太伯、仲雍之"文身断发",为顺应当地习俗,故王充谓其"化南夷之俗"而"好之若性"也。是南越之俗为"椎髻",与吴、越、闽、瓯之为"断发"显有别也。

《艺文类聚》卷六引《太康地记》言:"秦灭六国,南开百越,置桂林、象郡,以赵佗为龙川令,因秦之末,自擅南裔。汉高革命,加以王爵,始变椎髻、袭冠冕焉。"是桂林、象郡亦并皆椎髻之民也。据《太平寰宇记》，唐、宋时之白州、化州、钦州、郁林州、邕州、宜州、窦州等地仍皆"椎髻"之俗，此诸州即秦桂林、象郡地也。《太平御览》卷一七一引《郡国志》言："郁林为西瓯。"汉郁林即秦桂林、象郡（部分）也。桂林、象郡为椎髻，是西瓯亦椎髻之族，不独南越之地然也。《史记·西南夷列传》言："西南夷君长以什数，夜郎最大；其西靡莫之属以什数，滇最大；自滇以北君长以什数，邛都最大。此皆椎髻、耕田、有邑聚。其外，西自桐师以东，北至楪榆，名为巂、昆明，皆编发，随畜迁徙，无常处，无君长，地方可数千里。"夜郎、滇、邛都，汉为牂柯、益州、越巂三郡，是此三郡亦皆椎髻之民也。牂柯、益州南接桂林、象郡，其俗略同。《蜀王本纪》言：蜀人"椎髻左衽"。《汉书·地理志》言："犍为、牂柯、越巂皆西南外夷，武帝初开置，民俗略与巴蜀同。"汉中郡亦"与巴蜀同俗"。是自汉中、巴、蜀以至南越，俗皆略同，古或皆称之为巴。秦惠王灭巴蜀之巴在阆中（今四川阆中），楚顷襄王所灭之巴在枳（今四川涪陵，事载《燕策二》），《逸周书·王会》谓之枳巴（详另文《巴蜀史的问题》）。《太平御览》卷一七一引《十道志》载："故老相传，楚子灭巴，巴子兄弟五人流入黔中，曰酉、辰、巫、武、沅等五溪，为一溪之长，故号五溪。"是汉武陵蛮或亦巴矣。《礼记·檀弓》言"舜葬苍梧之野"，《墨子·节葬下》言"舜西教乎七戎，道死，葬南巴之市"（原讹作"南己"，据《后汉书·王符传》注引文校改）。是苍梧古有南巴之称也。疑自楚以西、自巴以南至于苍梧，古皆称巴；战国以后始谓象郡以南为百越。其地俗皆椎髻，自与吴、越、闽、瓯断发文身之族不同也。

南越、西瓯之习俗虽略同，然自《方言》所载词语考之，其语言似又别也。《方言》有"南楚之南"或"南楚之外"一方言区，《货殖列传》谓衡山、九江、豫章、长沙等郡为南楚，"南楚之南"即是南越。书中载此区之方言计十事。《方言》中又有"桂林之中"或"西瓯"一方言区，计载六事。然此"南楚之南"与"桂林之中"之十余事中，竟无一事相同，是南越与西瓯之语言或又不同也。南越、西瓯地相毗邻，"秦已破灭，（赵）佗即击并桂林、象郡，自立为南越武王"。当已占有西瓯之地。然后此二十余年，文帝初即位，赵佗犹言："西有西瓯，其众半羸，南面称王。"是西瓯于赵佗击并桂林、象郡后犹自有王也。是情同子胥之论吴之伐齐也，"习俗不同，言语不通，我得其地不能处，得其民不得使"也。故余意颇以西瓯之与南越似又当各为一族也。

西瓯语言不仅与南越异，且与吴、越、闽、瓯亦异。以《方言》所载词语考之，"桂林之中"与"吴、越"两方言区不仅无相同者，更且揭橥两地之异。卷十载："膡，兄也。荆扬之鄙谓之膡，桂林之中谓之䡅。""呰、耀，短也。……桂林之中谓短耀。耀，通语也。东扬（原作"东阳",据周祖谟《方言校笺》改)之间谓之泭。"荆扬之鄙及东扬,并吴、越故土。是西瓯语言与吴、越有异当无疑也。

《淮南子·原道》言:"九疑之南,陆事寡而水事众,于是民人被发文身以象鳞虫。"学者或据以说南越、西瓯与吴越同族。然此"被发文身"实与"断发文身"不同。相差虽仅一字,而其义则迥殊。盖"被发"为长发,而"断发"则短发也。《水经·温水注》引《交广春秋》言:"朱崖、儋耳二郡……人民可十万余家,皆殊种异类,被发雕身,而女多皎好白晳,长发美鬓。"此"被发雕身"即"被发文身"。《初学记》卷八引《珠崖传》亦言:"男女……或被发徒跣。"《太平御览》卷三七三引《林邑记》亦言:"朱崖人多长发,汉时郡守贪残,缚妇人割头取发,由是叛乱,不复宾服。"《三国志·薛综传》亦言:"珠崖之废,起于长吏睹其好发,髠取为髲。"《太平御览》卷六六引王隐《晋书》亦言:"朱崖女多皎好,长发美鬓。"是所谓"被发"皆长发也。其异于"断发"也至明。高诱不辨"被发""断发"之殊,其注《原道》遽以"翦"释"被",实为自我作古,于音、训皆无据。王引之知"被"不可以训"翦",径改"被"为"劗",然又无传本足据(见《读书杂志》)。若如王氏所说,则上揭诸书之朱崖"被发",岂不皆当改为"断发",此岂当于事理者乎!儋耳、朱崖在今海南岛,"正陆事寡而水事众"之地,《淮南子》云云,得无指此乎!朱崖、儋耳虽亦"百越",然与断发文身之吴、越、闽、瓯固又不同也。

若必释"被发"为"翦发",九疑之南亦有翦发之民可求。《南齐书·蛮传》言:"蛮,种类繁多,言语不一。……蛮俗布衣徒跣,或椎髻,或翦发。""蛮"为槃瓠种,以武陵郡为多,然亦及于长沙、零陵(见《后汉书·南蛮传》)。九疑在零陵郡境,则蛮或亦及于九疑之南也。然《蛮传》第言此种之为翦发,未曾言及文身,是此翦发之蛮未可谓为百越也。

若就"文身"论之,岭南文身之族尚多。柳宗元诗《柳州峒氓》有"愁向公庭问重译,欲投章甫作文身"之句。《太平寰宇记》载邕州所辖左右江各羁縻州云:"其州百姓悉是雕题、凿齿、画面、文身,并有赤裈、生獠、提包相杂。"《太平御览》卷三七一引《南州异物志》曰:"獠民亦谓文身国,刻其胸前作华文为饰。"《隋书·经籍志》载:《南州异物志》,吴丹阳太守万震撰,记交、广二州事。然此岭南之族皆椎髻,既非断发,亦非被发。苟第就文身立论而不计其他民族特征,径谓其为百越之族,则印支、南洋文身之族至多,岂亦尽为百越乎?必无是理也。故余谓南越、西瓯与吴、越、闽、瓯之族各别,当较合情实也。

(三)雒越

雒越或作骆越,《史记》但称为骆(或雒)。雒越之名首见于《汉书·贾捐之传》。据《史记·南越列传》索隐引《广州记》、《水经·叶榆河注》引《交州外域记》,皆以雒越在交趾(详后《安阳王杂考》)。《后汉书·南蛮传》载交趾之俗言:"凡交趾所统,虽置郡县,而言语各异,重译乃通。……项髻徒跣,以布贯头而著之。"李贤释"项髻"曰:"为髻于项上也。"晋宁石寨山滇王墓出土铜器所铸人物形象即有"为髻于项上"者,亦跣其脚。雒越之人或即此类。是雒越之俗与吴、越、闽、瓯之断发文身,南越、西瓯之椎髻徒跣,朱崖、儋耳之被发雕身,皆不相同。至雒越语言,则扬雄《方言》所未载,不得已而求其次。宋周去非《岭外代答》卷四言:"尝令译者以礼部韵按交趾语,字字有异。"其详虽不可具知,然其差异之巨已不难概见。余意雒越之族与南越、西瓯又当有别也。

惟吴、越、闽、瓯、南越、西瓯、雒越,古皆尝有越称,故世有统称之为越族者,余窃以为未安,故辨析如上。再考百越一词,出于战国晚期;于时北边民族概称为胡,南边民族概称为越,故有"北走胡,南走越"之语,是此胡、越皆为泛称而非具体族称明矣。胡之为号,始自林胡、东胡,皆为国名(参《日知录》卷三二);至秦而匈奴有胡称,嗣西域之国又有西胡之称(参《观堂集林·西胡考》)。自是厥后,生息于此东西万余里、上下二千年间之诸民族并有胡称。顾炎武云:"是以二国之人而概北方之种,一时之号而蒙千载之称也。"此言允矣。是岂能以其并蒙胡称而遽以为同族乎? 至于百越,亦犹是也。昔人已言"越有百种""各有种姓"矣,今又何事必强合之以为一族乎? 盖越亦国名,勾践之国是也;而闽、雒则族称也。故《周礼·职方》:"辨其邦国都鄙:四夷、八蛮、七闽、九貉、五戎、六狄之人民。"《司隶》又有蛮隶、闽隶、夷隶、貉隶。《说文解字》云:"闽,东南越,蛇种。"是闽之为东南越之族名明甚,而吴、越、瓯则其国号也。故《王会》有越、沤而无闽,正以此也。自勾践强大而越名始著,后遂用为南方民族之泛称,亦犹胡之用为北方民族之泛称也。自越而南越、西瓯、雒越,亦犹林胡、东胡而羯胡、西胡也。古人用胡、越为泛称,本无不可,而今人必持此泛称以为具体民族,则余不知其可也。

三　“越裳为越章”辨

现存古文献之记载越裳氏者,以《韩诗外传》《尚书大传》二书为最早。《韩诗外传》卷五载:周“成王之时……越裳氏重九译而献白雉于周公,曰:'……吾受命国之黄发曰:"久矣天之不迅风疾雨也,海不波溢也,三年于兹矣,意者中国殆有圣人,盍往朝之。"于是来也。'”《尚书大传》卷五亦载:“交趾之南,有越裳国。”“周成王时,越裳氏来献白雉曰:'吾闻国之黄耇曰:"天无烈风淫雨,江海不波溢,于兹久矣,意中国有圣人,盍往朝之。"故重三译而至。'”(据皮锡瑞《尚书大传疏证》本)越裳之在交趾,中、越史家自来无异辞。陶维英著《越南古代史》遽信黎志涉之说,以越裳即楚越章之地,亦即汉豫章郡地。然黎氏第据越裳、越章、豫章三词读音相近为说,别无确证也。详审韩、伏之书,即知黎说大谬。文献明载:“久矣天之不迅风疾雨也,海不波溢也。”苟越裳不在滨海之地而在豫章(今江西省),何得以“海不波溢”为言也? 意所谓

"迅风疾雨,大海波溢"当指强台风而言。"天之不迅风疾雨也,海不波溢也",盖谓强台风不在越裳登陆也;强台风不在越裳登陆,则华北地区或雨量适中,年丰而民和,故以为有圣人也。越裳或有此经验,故有"国之黄耇曰"云云(是否如此,尚希气象专家检验之)。至于献白雉事,则事涉古生物分布问题。越裳(或交趾)献白雉事屡载于史籍:《汉书·平帝纪》载:元始元年(公元一年),越裳氏献白雉。《后汉书·光武纪》:建武十三年(公元三七年),南越徼外蛮夷献白雉。同书《和帝纪》载:元和元年(公元八四年),日南徼外蛮夷献白雉。《太平御览》卷九一七引《抱朴子》曰:"白雉自有种,南越尤多。"是知白雉当为交州特产,而豫章则绝未见产白雉、献白雉之记录。若白雉苟非交州特产而出自豫章,则汉晋世之交州人何纷纷然不惮烦劳,屡持此非珍奇之物而远贡中土耶!

或谓周秦之世,中土人之地理知识不能远达越南。是亦不然。《楚辞·天问》言:"何所冬暖,何所夏寒,焉有石林,何兽能言。"冬暖显为热带,夏寒当为寒带,"石林"或释为珊瑚,能言兽则猩猩也。皆在极远之地。然亦本周人所知,唯屈原疑之而已。《山海经·大荒西经》言:"有寿麻之国……正立无景,疾呼无响,爰有大暑,不可以往。"《淮南子·地形》亦云:"建木在都广,众帝所自上下,日中无景,呼而无响,盖天地之中也。"日中无影、爰有大暑之地,非赤道地区而何? 其地当更在越裳之南。《山海经》作于周世,已能知此赤道之国,岂有不能知越裳之理!

《后汉书·马融传》载《广成颂》言:"南徼因九译而致贡。"李贤注引《尚书大传》曰:"周成王时,越裳氏重九译而贡白雉。"唐宋人引《大传》或作"三译",而马融所见《大传》固作"九译"也。《汉书·贾捐之传》言:"越裳氏重九译而献。"是西汉本有越裳九译之说。既需九译乃通,其地自当遥远。苟在越章,则是"江上楚蛮之地",何烦九译之劳,即是三译,亦未必需要。且越章之国始封于熊渠,当周夷王时,在西周末叶;而越裳献白雉在周成王时,为西周之初。若谓越裳为越章之音转,则是以西周初年之越裳,竟得名于西周末年之越章!且欲置越裳于豫章者,欲以证成"越人古居扬子江以南整个地区"之误说耳,其立论取据颠倒混乱竟至如此!是岂当于事理者乎?余是以宁墨守越裳在交趾之确凿古说,而无取于不根之谬论也。

四　越人迁徙考

　　法人鄂卢梭著《安南民族之起源》谓:"纪元前三三三年(楚)灭了越国,拓地至于浙江(水名)。越人乃因此役以后,始往中国南海沿岸迁徙。""这些南迁的越人,先在浙江南部同福建建立东越。""其余的远徙到广东同广西的北部,他就是建立南越的那些部落。""最远的到了广西南端,广东西南境,东京同安南北部,这就是越种的西瓯或骆民。质言之,安南人的祖先。"(载冯承钧译《西域南海史地考证译丛九编》,中华书局一九五八年版)此一谬论甫出,法人马司帛洛当即斥为不值一驳。然陶维英于三十余年之后,撰《越南古代史》时,仍袭其误,犹称:"到了越国被楚国灭亡(指纪元前三三三年——引者)以后,在来自北方的人之南下的逼迫下,他们(指江南越人的一支——引者)的酋长率领整个部落逃往南方的上述地区(指南方沿海至越南红河及马江三角洲一带——引者),尤其是逃往他们久已熟悉的土地宽广、肥沃的红河地带。""现今越南北部的雒越人应是福建的骆越迁来的。"案之载籍,越人迁徙之迹之可考者,适与鄂卢梭之说相反,不仅未曾南迁,而实屡次北徙,所谓越人南迁西瓯、雒越之说,皆属臆度虚构之谈,是不可以不辨。

(一)"楚威王灭越,越以此散"辨

所谓纪元前三三三年楚灭越而越始南迁之说,盖本于《史记·越世家》:"当楚威王之时,越北伐齐,齐威王使人说越王。……越遂释齐而伐楚。楚威王兴兵而伐之,大败越,杀王无彊,尽取故吴地,至浙江。北破齐于徐州。而越以此散。诸族子争立,或为王,或为君,滨于江南海上,朝服于楚。"此不载楚威王败越、杀无彊之年月,惟可据"北破齐于徐州"以推之。《楚世家》载:威王"七年,齐孟尝君父田婴败楚,楚威王伐齐,败之徐州。"《六国年表》同。楚威王七年即纪元前三三三年。所谓纪元前三三三年楚灭越者当即据此。然《楚世家》惟记楚败齐徐州事而未记楚败越杀无彊取地至浙江事。两事相较,败越杀无彊取地至浙江事显较败齐徐州事更为重大,然史公记此而不记彼,是不能令人无疑也。《越世家》索隐言:"按《纪年》粤子无颛薨后十年,楚伐齐徐州,无楚败越杀无彊之语。是无彊为无颛之后,《纪年》不得录也。"知《竹书纪年》亦不载楚败越杀无彊事也。然索隐以"无彊为无颛之后,《纪年》不得录也"为释则非是。无颛薨后十年为魏

惠王后元元年,即纪元前三三三年,魏惠王后元计十六年,惠王死襄王嗣,《竹书纪年》终于襄王二十年,为纪元前二九九年,为无颛死后之四十六年。无彊既为无颛之后,《竹书纪年》又终于无颛死后四十六年,不得谓"《纪年》不得录也"。不惟《竹书纪年》与《楚世家》并不载此事,《六国年表》亦不载此事,是此事实有未足信者。而楚之败越,事或有之;至"尽取故吴地,至浙江。……而越以此散。诸族子争立,或为王,或为君,滨于江南海上,朝服于楚"云云,事皆绝无他证,不足信也。盖司马迁之作《越世家》也,所见史料实少,勾践以后仅见世系,且亦止于无彊。下及汉世,惟见勾践之族"或为王,或为君,滨于江南海上",误以此汉时情状为先秦已然,因以接叙前事而系以"越以此散"一语,遂若无彊之后越遂散矣。讵知越于勾践之世已封子弟为王为君,不必讵其散也。《路史·国名记丁》载:《越绝书》:"东瓯,越王所立也,即周元王四年(纪元前四七三年)越相范蠡所筑。"是勾践行分封之确证。《越绝书》又有麋王、荆王、干王、摇王(见《记吴地传》),何得以无彊之后越始"或为王,或为君"也!所谓无彊败后"越以此散"非情实也。更有甚者,司马迁以不见无彊败后之越事记录,而径以"朝服于楚"说之,实乃大错。无彊以后之越事,载籍之可考者非止一二,且多与楚关涉,皆非"朝服于楚"也。然世之学者,习闻《越世家》之说,并多持之以论越事,甚且讹误相附,去实益远;故不避烦琐，考论于后。

《战国策·楚策三》载：五国伐秦，杜赫谓昭阳曰："魏折而入于秦，子何以救之？东有越累，北无晋而交未定于齐秦，是楚孤也。""五国"《楚世家》作"六国"，事在楚怀王十一年（纪元前三一八年）。是时，楚、越之间当犹有战争，所谓"越累"也。《六国年表》载：楚怀王十年"城广陵"。广陵地当楚、越边境，"城广陵"，当亦以"越累"之故。《楚策一》载：张仪为秦破从，以连横说楚王曰："大王尝与吴人五战三胜而亡之，陈卒尽矣。"《楚世家》载张仪说楚叛从约而与秦合亲在楚怀王十八年（纪元前三一一年），去吴之灭已一百六十余年，楚何得与吴人战，此"吴人"显即"越人"，与韩灭郑而韩蒙郑称同（见《战国策·韩策二》并鲍彪注）。"五战"显非二三年事，虽三胜而犹两败，且"陈卒尽矣"，此当即杜赫所谓"越累"。当此之时，越国尚强，虽三败犹两胜，且杀伤楚卒甚众，讵可谓越已亡散、"朝服于楚"乎！雷学淇《竹书纪年义证》、黄以周《史记·越世家补并辨》皆谓并越乃楚怀王而非楚威王，虽未引张仪之言为证而实与张仪之言相合。

《韩非子·内储说下》载干象对楚王曰："前时王使邵滑之越，五年而能亡越。所以然者，越乱而楚治也。昔者知用之越，今忘之秦，不亦太亟忘乎！"干象谓"五年而亡越"，与张仪所言"五战三胜而亡之"可互证，当同指一事。《史记·甘茂列传》载范蜎对楚怀王言："王前尝用召滑于越，而内行章义之难，越国乱，故楚南塞厉门而郡江东。”略与干象言同，亦当为一事之传闻异辞。《楚策一》载范环对楚王曰：“王尝用（召）滑于越而纳句章昧之难，越乱，故楚南塞（原讹作“察”）濑湖而野江东。”蜎、环一音之转，范蜎即范环也。三书所载同为一事而文字略异。据《甘茂列传》，事在楚怀王二十四年（纪元前三〇五年），所云“亡越”，当在此年之前。濑湖即伍员奔吴所经之濑水。《太平寰宇记》卷九〇引《滕公庙记》略谓：古固城，吴濑渚县地。楚灵王与吴战，遂陷此城，吴移濑渚于溧阳十里，改陵平县。楚平王时，又与吴战，吴军败，楚改陵平为固城县。至伍员破楚，楚奔南海，固城宫殿遂废。固城在今江苏省高淳县十五里，濑渚即厉门，为吴、楚门户，为两国长期争夺之地。柏举战后，楚失之吴，后为越地。怀王“塞厉门而郡江东”，是楚又复取之于越也。

自张仪、干象之言论之，是楚怀王十八年前，楚已亡越。所谓“五战三胜而亡之”“五年而能亡越”，宜即在怀王十一年“东有越累”前后五年间。然《秦本纪》言：“武王立，韩、魏、齐、楚、越皆宾从。”秦武王立在楚怀王十八年。《水经·河水注》载：“汲冢《竹书纪年》：‘魏襄王七年……四月，越王使公师隅来献乘舟始罔及舟三百、箭五百万、犀角、象齿焉。’”魏襄七年亦即楚怀王之十八年。是怀王十八年时，越犹称王，且与秦、魏等大国通使，则张仪、干象“亡越”之说似有可疑。然异书、异人而其言大同,则又不可斥为诳语,是"亡越"之言必当有以说之也。

前究楚熊渠封三子于江上楚蛮之地,号句亶王、鄂王、越章王。越章所王乃秦之鄣郡、汉丹扬郡地。此三王后改称三侯,越章称麇侯(详前《越族古居"扬子江以南整个地区"辨》)。《越绝书》载越有麇王,当即故楚麇侯所居之地后入于越,越以封其子弟,沿其旧名称为麇王。《太平寰宇记》卷九〇引《丹阳图》云:"自句容以西属鄣郡,以东属会稽郡。"范蜎言:"越国乱,故楚南塞厉门而郡江东。"厉门在今高淳,句容正当其北。是厉门之西即秦鄣郡、汉丹扬郡地,亦即越麇王之地。是楚乘越乱而攻越,得越麇王之地。所谓"亡越"者,即亡此越麇王也。麇王而外,越地尚广。《太平寰宇记》卷二载:"宜兴县,本秦阳羡县。周处《风土记》:'本名荆溪。'……君山,在县南二十里,旧名荆南山,在荆溪南。"此当即越荆王之地,其地在厉门所属以东。是楚虽得越厉门以西之地,而厉门以东犹为越地也。所谓"句章昧之难",句章为汉会稽属县,昧或即会稽之大末县,疑皆为越诸王之封地。楚王遣召滑之越,离间诸王,煽其内讧,楚遂乘机攻越。《太平御览》卷五五六引《吴越春秋》言:麇王与越摇王战,摇王杀麇王云云(今本佚此文,《越绝书·记吴地传》文有讹误),即其事也。楚怀王于是乃得灭麇王之国,取江东之地。是所谓"亡越"者,非尽有越地,亡越麇王之国而已。

上言越于楚怀王十八年使公师隅于魏,又复通使于秦,是亦有故。考《楚世家》载:怀王十七年,"悉国兵复袭秦,战于蓝田,大败楚军。韩、魏闻楚之困,乃南伐楚于邓。"越既失厉门之西于楚,今闻楚大败于秦、魏,遂欲北连秦、魏共谋制楚。遣使二国,显即以此。《说苑·奉使》载"越使诸发执一枝梅遗梁王"事,唯其年不可考,当是另次使魏,不知与共制楚事有关否。公师隅之使魏,"献乘舟始罔及舟三百、箭五百万、犀角、象齿",显非仅为通聘结交,且更为武器资助也。是越重创于楚后,国力犹不弱也。且此等物资必取道水路,则必由夫差所开邗沟,沿江溯淮,由泗入济,此道尚能畅通,是吴之故地未尽失也。往岁楚之城广陵,特战争之际一时之事耳。

《楚世家》载:齐湣王遗楚王书,说以"取武关、蜀汉之地,私吴越之富,擅江海之利。"楚王下其议群臣。昭睢曰:"王虽东取地于越,不足以刷耻,必且取地于秦,而后足以刷耻于诸侯。"《楚世家》载此事于怀王二十年。然昭睢之对已言及"韩已得武遂于秦"。考《六国年表》秦复与韩武遂在怀王二十三年,则昭睢之对不得早于此年也(《楚世家》集解、索隐已言及此)。是怀王二十三年(纪元前三〇六年)后,齐王犹说楚以取越地,是其时越犹为楚敌国,越之未亡昭昭也。

《齐策五》载:或说齐闵王曰:"齐、燕战而赵氏兼中山,秦、楚战韩、魏不休而宋、越专用其兵。此十国者皆以相敌为意而独举心于齐者,何也?约而好主怨、伐而好挫强也。"中山之灭在楚顷襄王三年（纪元前二九六年），齐、魏、楚三国灭宋在顷襄王十三年。"宋、越专用其兵"之"宋"，显指宋君偃。《宋世家》载："君偃十一年，自立为王，东败齐取五城，南败楚取地三百里，西败魏军，与齐、魏为敌国。……于是诸侯皆曰桀宋。"《六国年表》载：宋偃自立为王在楚怀王十一年，是宋之"专用其兵"当在楚怀王十一年至顷襄王十三年之间（纪元前三一八—前二八六年）。秦、楚战韩、魏事亦多在楚怀、襄之世，时亦相合。惟越之"专用其兵"者，其人与事皆不可考矣。惟其时亦当略与宋偃相值，始能以"宋、越"并举。越国君王于楚怀、襄之世尚能穷兵黩武比于宋偃，是其国力犹不弱也。

《韩非子·喻老》载："楚王（原讹作"楚庄王"）欲伐越，杜子谏曰：'王之伐越何也?'曰：'政乱兵弱。'杜子曰：'臣愚患之，智如目也，能见百步之外而不能自见其睫。王之兵自败于秦、晋，丧地数百里，此兵之弱也。庄蹻为盗于境内而吏不能禁，此政乱也。王之乱弱，非越之下也，而欲伐越，此智之如目也。'王乃止。"考《荀子·议兵》言："楚人兵败于垂沙，唐蔑死，庄蹻起，楚分而为三、四。"《楚世家》载：楚怀王二十八年（纪元前三〇一年），"秦与齐、韩、魏共攻楚，杀楚将唐昧，取我重丘而去。"此正所谓"兵败于秦、晋，丧地数百里"。唐昧即唐蔑，音同字通。《荀子》言"唐蔑死，庄蹻起"，则庄蹻之起又怀王二十八年以后事也。楚怀王止三十年,楚欲伐越在庄蹻起后,此楚王自不得为春秋时之庄王,疑亦不得为怀王,而当为顷襄王。此时之越犹能与楚为敌,故楚欲伐之。然既谓越"政乱兵弱",则其国力不振之形已见。自楚怀王以来,"宋、越专用其兵",宋既以此灭国,而越亦以削弱也。

《秦策三》载:或谓魏冉曰:"楚破,秦不能与齐县衡矣。……齐有东国之地方千里,楚苞九夷又方千里。……权县宋、卫,宋、卫乃当阿、甄耳,利有千里者二,富擅越隶,秦乌能与齐县衡?"旧释:"越,勾践国。隶,犹礼之《秋官》四隶(夷、貉、闽、蛮四隶),征伐所获之民也。"唯此事不审当系于何年。魏冉执秦政颇久,自昭王初立(纪元前三〇六年)到昭王四十年出就陶封。即楚怀王二十三年至顷襄王三十二年。唯其间秦、齐能县衡之时则必在纪元前二八四年五国破齐之前。盖此役之后,齐渐衰弱,不能与秦县衡矣。且既言"权县宋、卫,宋、卫乃阿、甄",此乃纪元前二八六年三国灭宋前形势。综此而论,唯纪元前二八八年秦称西帝、齐称东帝之时足以当之。虽不久而两国皆去帝号,然此事实见两强并峙之形势、足称县衡之时也。盖若楚破则齐强,齐益强则秦弗能与之县衡矣。言"富擅越隶"者,谓齐益强则将征越而虏其民以为隶也。此说与上言越已"政乱兵弱"之形势合。然当是时,越虽乱弱,而究尚未灭亡也。

《楚世家》载：顷襄王十八年（纪元前二八一年），楚人有以弋说顷襄王以开拓扩张之计者，其言曰："北游目于燕之辽东，而南登望于越之会稽，此再发之乐也。"又曰："若夫泗上十二诸侯，左萦而右拂之，可一旦而尽也。"是当此之时，越之会稽尚未失也。然当五国破齐之后，楚势益强，越所属服之十二诸侯与越始封之基业（会稽），并皆楚人眈眈所视者矣。

《越绝书·记吴地传》言："越王勾践徙琅琊，凡二百四十年。楚考烈王并越于琅琊，后四十年秦并楚。"同书《记地传》又言："楚威王灭无彊，无彊子之侯窃自立为君长。之侯子尊失君长。尊子亲失众，楚伐之，走南山。亲以上至勾践凡八君，都琅琊二百二十四岁，无彊以上霸，称王。之侯以下微弱称君长。"《吴越春秋·勾践伐吴外传》言："勾践至王亲，历八主，称霸，二百二十四年。亲众皆失，去琅琊徙于吴。"（后二句据注补）是越都琅琊二百二十四年，《记吴地传》所言年数稍误。诸书虽载勾践徙琅琊，然皆未言其在何时。考《水经·潍水注》言："琅琊，山名也。越王勾践之故国也。勾践并吴，欲霸中国，徙都琅琊。"越灭吴在周元王四年（公元前四七三年），为勾践之二十四年。《越世家》载："勾践既灭吴，乃以兵北渡淮，与齐、晋诸侯会于徐州，致贡于周。周元王使人赐勾践胙，命为伯。……当是时，越兵横行于江淮东，诸侯毕贺，号称霸王。"《通鉴外纪》载于周元王五年，是勾践之二十五年。《勾践伐吴外传》言：勾践二十五年，"从琅琊起观台，周七里，以望东海。……越王使人如木客山取允常（勾践父，原讹作"元常"）之丧，欲徙琅琊。"则是当时已徙都琅琊也，故拟徙其父丧改葬琅琊。合《水经注》徙都图霸之说衡之，姑定徙都之年为勾践之二十四年。历二百二十四年，为纪元前二四九年，当楚考烈王之十四年，与"楚考烈并越于琅琊"之说合。若越居琅琊"凡二百四十年"，则为楚幽王之三年矣。《宋世家》载：楚顷襄王十三年，齐、楚、魏三国灭宋，"三分其地"。《楚世家》载：顷襄王十五年，"楚王与秦、三晋、燕共伐齐，取淮北"。楚东北扩地至泗上淮北，故得于考烈王时并越琅琊。楚并越琅琊，越王亲遂徙于吴，是越前此犹北都琅琊也，是越虽失琅琊而犹有吴也。或以《史记·春申君列传》及《六国年表》并载考烈王十五年，"春申君徙封于吴"，遂以为越已不得有吴。考春申君徙封于吴在楚并越琅琊之翌年，当是楚继续侵越遂至于吴也。《续汉书·郡国志》载吴郡有安县，刘昭注引《越绝书》云："有西岑冢，越王孙开所立，以备春申君，使其子守之，子死，遂葬城中。"安地无考，惟属吴郡无疑也。春申君封吴十年被杀，而越则于是时犹有王孙开与之对峙并居于吴，是春申君于楚考烈王十五年（纪元前二四八年）徙封于吴之后，越尚未尽失吴地也。此王孙开宜即继亲而立者。且既名王孙开，则越是时或犹称王也。

《秦策五》载："四国为一将以攻秦。……姚贾对曰：
'贾愿出使四国，必绝其谋而安其兵。'……姚贾辞行，绝
其谋，止其兵，与之为交以报秦。秦王大说，封贾千户，以
为上卿。韩非短之曰：'贾以珍珠重宝南使荆、吴，北使
燕、代之间三年，四国之交未合也，而珍珠重宝尽于内，是
贾以王之权、国之宝外自交于诸侯，愿王察之。'……（秦
王）复使姚贾而诛韩非。"《韩诗外传》卷八亦载："昔吴、
楚、燕、代谋为一举而欲伐秦。姚（原讹作"挑"）贾，监门
之子也，为秦往使之，遂绝其谋，止其兵，秦王大说，立为
上卿。"两书所载全合，当无可疑。高诱注："四国，燕、赵、
吴、楚也。"然此文所言之"吴"实皆指"越"（说见前）。
《韩世家》言："王安五年（纪元前二三四年），秦攻韩，韩
急，使韩非使秦，秦留非，因杀之。"《秦始皇本纪》载：始皇
十四年（公元前二三三年），"韩非使秦，秦用李斯谋留非，
非死云阳。"是始皇统一六国之前夕，越犹能与楚、燕、赵
等国合而谋秦也。是时春申君已死而越尚存，是越王孙
开之能与春申君并居于吴不足疑也。由是观之，是楚终
未能灭越也。

　　然则越究灭于何时？曰灭于秦始皇二十五年，纪元
前二二二年。《越绝书·记吴地传》言："秦始皇并楚，百
越叛去。"越人不于春申君徙吴时叛去，而于秦灭楚时叛
去，知越于楚灭之时犹存而实为秦所灭也。《楚世家》载：
楚王负刍"四年（纪元前二二三年），秦将王翦破我军于

蕲,而杀将军项燕。五年,秦将王翦、蒙武遂破楚国,虏王
负刍,灭楚,名为楚郡。"《秦始皇本纪》载:始皇二十三年
(纪元前二二四年),"秦王复召王翦,强起之,使将击荆
(正义:"秦号楚为荆者,以庄襄王名子楚,讳之,故言荆
也"),取陈以南至平舆,虏荆王。荆将项燕立昌平君为荆
王,反秦于淮南。""二十四年,王翦、蒙武攻荆,破荆军,昌
平君死,项燕遂自杀。"二十五年,"王翦遂定荆江南地,降
越君,置会稽郡"。《王翦列传》亦言:"虏荆王负刍,竟平
荆地为郡县,因南征百越之君。"《六国年表》载虏负刍在
始皇二十四年。诸篇所载负刍被虏之年虽略有差互,而
降越君之年为始皇二十五年则无异辞也。是楚之灭犹在
越先,何得谓越亡于楚也。秦灭楚置楚郡,降越君置会稽
郡,是秦之会稽郡即越君灭亡前之境土。秦汉会稽兼有
吴江南,是秦亡越之时,越之境土尚至大江,犹颇辽阔也。

综上所述,知自楚威王七年败越,至秦始皇统一六
国,百余年间,越人活动之迹犹史不绝书。越、楚战争亦
时有发生。越且常与齐、楚诸国平列并举。至楚顷襄王
时,越北有琅琊,西有吴地。至始皇之时,犹能与楚、燕诸
国合而谋秦。则是《越世家》所载:"楚威王杀无彊,尽取
故吴地至浙江","越以此散……朝服于楚"云云,实皆未
尝深考之辞,亦与《史记》他篇不合,非信史也。

(二)秦汉时越人之北徙

秦并六国,多徙民之事:或出其故民,或迁其富豪,或徙民实之。秦既灭越,亦复如斯。《越绝书·记吴地传》载:"乌程、余杭、黟、歙、无湖、石城县以南,皆大越徙民也,秦始皇刻石徙之。"同书《记地传》又载:"是时(指秦始皇时——引者)徙大越民置余杭、伊攻、□故鄣,因徙天下有罪谪吏民置海南故大越处,以备东海外越。乃更名大越曰山阴。"《汉书·地理志》云:"山阴,会稽山在南,上有禹冢、禹井、扬州山,越王勾践本国。"地名大越,所徙亦并大越之民,殆皆以其为"勾践本国"之故。乌程、余杭,汉属会稽郡,皆在山阴之北;余县除伊攻不可考外,皆在汉丹扬郡(在今江苏、安徽境),并在山阴西北。是秦时越人之徙乃北迁而非南走也。

《史记·东越列传》载:"闽越王无诸及东海王摇者,其先皆越王勾践之后也。姓驺氏。秦王并天下,皆废为君长,以其地为闽中郡。及诸侯叛秦,无诸、摇率越……从诸侯灭秦。……汉击项籍,无诸、摇率越人佐汉。汉五年,复立无诸为闽越王,王闽中故地,都东冶。孝惠三年,举高帝时越功,曰:'闽君摇功多,其民便附。'乃立摇为东海王,都东瓯,世俗号为东瓯王。"《传》又载:建元三年(纪元前一三八年),闽越攻东瓯,武帝遣严助以节发会稽兵救之。"未至,闽越引兵而去,东瓯请举国徙中国,乃悉举众来处江淮之间。"《史记·汉兴以来将相名臣年表》武帝建元三年载:"东瓯王广武侯望,率其众四万余人来降,处庐江郡。"汉庐江郡略当今安徽西部江淮地区。此为汉代越人之首次大量迁徙,自东瓯徙庐江,即自浙南徙皖西,此亦为北迁而非南走也。后闽越王余善发兵反汉,汉出兵诛之。元封元年(纪元前一一〇年),闽越诸将杀王余善降汉。汉封越臣之有功者:繇王居股为东成侯,在九江郡;建成侯敖为开陵侯,在临淮郡;越衍侯吴阳为北石侯,在济南郡;东越将多军为无锡侯,在会稽郡。"于是天子曰:'东越狭,多阻;闽越悍,数反覆。'诏军吏将其民处江淮处,东越地遂空。"《吴越春秋·勾践伐吴外传》亦言:"余善反(原讹作"返"),越国空灭。"谓之"空灭",显为夸张之辞;然越人再次大徙江淮之后,越地人口大减则可决也。《史记·河渠书》载武帝时:"河东渠田废,予越人,令少府以为稍入。"集解引如淳曰:"时越人有徙者,以田与之,其租税入少府。"索隐曰:"其田既薄,越人徙居者习水利,放与之而稍少其税。入于少府。"是武帝时越人之北徙者不仅处于江淮间,且更有北至河东(今山西省西南部)者矣。《史记·货殖列传》言:"寿春,亦一都会也;而合肥受南北潮,皮革鲍木输会也;与闽中、干越(原讹作"于越",详下)杂俗。"寿春、合肥,汉属九江郡,在江淮间,今皖东地区。集解引徐广言:干越"在临淮",今苏北地区。其地与九江相接,宜其俗之相杂也。而闽中则与寿春、合肥相去绝远，其俗亦相杂者，则当因原居闽中之闽越、东瓯之越人徙居江淮间之故也。

汉初越人之国，闽越、东瓯而外，尚有"南海"国。《汉书·高帝纪》载：十二年（纪元前一九五年），诏曰："南武侯织，亦越之世也，立以为南海王。"时南海为赵佗所据，文颖以为"遥夺佗一郡，织未得王之"（师古注引）。然织既受封，当有封国，文颖未能确指。《续汉书·郡国志》交趾郡赢陵县，刘昭注引《地道记》曰："南武（原讹作"南越"）侯织在此地。"考高帝之时，赵佗既割据南海、苍梧、桂林、象郡，安阳王复王于交趾（见刘昭注），则侯织何得封于赢陵，《地道记》之说显不足据。案《汉书·严助传》载淮南王安上书言："前时南海王反，陛下先臣（指淮南厉王长——引者）使将军间忌将兵击之，以其军降，处于上淦，后复反。"是南海王实自有国彰然明甚。《史记·淮南衡山列传》载："淮南厉王时，南海民处庐江界中者反，淮南吏卒击之。……南海民（"民"字衍文）王织上书献璧皇帝。"此正所谓"处之上淦，后复反"者也。是所谓上淦，当在庐江界中。淮南王国为汉初九江王英布故地，后析为九江、庐江、衡山、豫章。南海王反，淮南王派兵击之，事在文帝时，时赵佗尚强，淮南王兵何能跨南越而至赢陵。王隐《地道记》之误甚明。然则南海王国究在何处？意者既名南海则仍当于南海郡求之。豫章郡故淮南王国，南与南海接，故南海为淮南出兵能至之地。且既言

"织亦越之世",自为勾践后裔,则其地又当与同为勾践后裔之东瓯、闽越相毗邻。《太平御览》卷一七二引《十道志》云:"潮州,潮阳郡,亦古闽越地。"是南海王国当在南海、闽中、豫章之间;全祖望《经史问答》谓当在汀、潮、赣之间,近之。《汉书·地理志》载:南海郡揭阳县,"莽曰南海亭",亭名南海,地望亦合,宜即故南海王国也。《清一统志》言:"汉揭阳县为潮州一府,嘉应州平远、镇平皆其地。"《太平寰宇记》卷一〇二载:漳州"漳浦县,汉冶县及南海揭阳县地。"是汉南海亭(揭阳县)兼有后闽南之地,是此南海王国地跨闽、粤可知也。勾践之族所居之最南境殆即至此。然此南海王国之越人,于文帝时已迁至上淦,上淦地虽不可具考(《舆地纪胜》卷三四谓上淦即临江军之新淦县),其在故淮南王国之庐江界中则无疑也。是此越人之徙,亦为北迁而非南走也。

自文献考之,秦汉之世,越人之大批迁徙,皆为北迁而绝无南走之迹,事至明显。然或有据《东越列传》言闽越、东瓯"姓驺氏",集解引徐广曰"驺,一作骆",遂谓此即骆越之骆,谓闽、瓯、骆越皆骆姓越人,而骆越即此骆姓闽、瓯之南迁者。然闽、瓯之为驺姓,《汉书·两粤传》亦明著其文。《汉书·两粤传》全抄《史记》,《汉书》于此作"驺"不作"骆",是班固所见《史记》固作"驺"不作"骆"也。考《墨子·非攻下》言:"越王繄亏,出自有遽,始邦于越。"遽字鱼韵,驺字侯部,顾炎武合为一部,段玉裁析为二部,然又谓汉以后此二部多合用(见《六书音韵表》)。是遱、驺二字汉世本相通也,更明驺是而骆非。是徐广所见别本《史记》为魏晋传写之讹,未足据也。即退而以闽、瓯、骆越同为骆姓,亦不必为同族(详前《百越民族考》);即退而以其为一族也,然闽、瓯、骆皆见于先秦旧籍,究为骆越之北迁闽、瓯,抑为闽、瓯之南迁骆越,皆无确据可凭,而说者必谓骆越为闽、瓯之南迁则慎矣。

(三)释干越

越人虽于秦汉时大量徙于江淮之间,然江淮间有越人则不始于秦汉之徙民。《史记·高祖功臣侯者年表》有绛阳侯华无害,"以越将从起留";有煮枣侯赤,"以越连敖从起丰"。《汉书·高祖功臣侯表》有阳都侯丁复,"以越将从起薛"。留、丰在秦泗水郡,薛在秦薛郡,皆在今苏北、鲁南,居淮水之北,并为刘邦初起时活动之地。《汉书·高帝纪》载:秦二世元年(纪元前二〇九年),秋七月,陈涉起蕲;九月,刘邦起沛,立为沛公。二世二年十月(秦以十月为岁首),沛公攻胡陵、方与,还守丰。十一月,沛公引兵之薛。正月,景驹立为楚王,在留,沛公往从之。二月,攻砀,收砀兵得六千人,与故兵合九千人。是沛公起丰、起薛、起留,皆初起半年内事,其时有兵不过三千。《高帝纪》又载:二世三年六月,沛公略南阳。七月,攻胡阳,遇番君别将梅鋗,与偕攻析、郦,皆降之。《汉书·吴芮传》同。时已为刘邦攻砀之后一年又半。则是从刘邦起丰、起薛、起留之越人,显非随番君从诸侯灭秦者,而为秦末起义之前已居淮北者也。据《越绝书》所载,始皇时虽屡徙大越之民,然未有徙至淮北者(见前)。是此从刘邦起淮北之越人,早于秦前已居于此矣。

《货殖列传》言:寿春、合肥"与闽中、干越杂俗"。徐广曰干越在临淮。"干越"今本讹作"于越";于越在会稽,不在临淮,是徐广所见固作"干"不作"于"也。《淮南子·道应》言:"荆有佽非得宝剑于干队。"(《吕氏春秋·知分》作"干遂")许慎注曰:"干,国,在临淮,出宝。"《说文解字》邑部:"邗,国也,今在临淮。一曰:邗本属吴。"是干越即古干国地。《荀子·劝学》言:"干越、夷貉之子,生而同声,长而异俗。"是干越实与华夏异俗。《庄子·刻意》言:"夫有干越之剑者,柙而藏之,宝之至也。"《新序·杂事》《盐铁论·殊路》《淮南子·原道》皆载干越。《越绝书·记吴地传》言:"马安溪上干城者,越干王之城也。"越有干王、荆王、麋王,此干王当即王于干越者。《汉书·货殖传》师古注引孟康曰:"干越,南方越名。"此干越为越人之一部,犹闽越、瓯越,称"干越"以别于他部耳(参王念孙《读书杂志》)。《墨子·兼爱中》言:禹"南为江汉淮汝,东流注之五湖之处,以利荆楚、干越与南夷之民。"(旧脱"干"字,据《文选·江赋》注引文补)许慎说邗在临淮,与此举江淮之义合。《管子·小问》言:"昔者吴、干战,未龀者不得入军门,国子摘其齿,遂入,为干国多。"尹注:"战功曰多,言于干战,国子功多也。"知干与吴邻,先为敌国。《韩非子·难二》言:"蹇叔处干而干亡,处秦而秦霸。"知干之亡在秦穆公(纪元前六五九—前六二一年)初年。《秦本纪》载百里奚言:"臣尝游困于齐,而乞食铚人。蹇叔收臣。"集解引徐广曰:"铚,一作铚。"《汉书·地理志》沛郡有铚县,在安徽宿县南。既言"蹇叔收臣",是蹇叔尝居于铚也。李斯《谏逐客书》言:穆公"东得百里奚于宛,迎蹇叔于宋"。铚为宋地(见《秦策四》)。蹇叔处干,干在临淮,北与宋接,当是干亡而蹇叔遂入宋居铚。韩非、百里奚、李斯三人之言正互为补充,亦正《说文》干为古国之证。干后为吴所灭,故又吴干连称。《赵策三》载马服君言:"夫吴干之剑,肉试则断牛马,金试则截盘匜。"《吕氏春秋·疑似》亦言:"患剑之似吴干者。"《说文》言:"一曰邘本属吴。"当正以邘灭于吴之故,唯其时与事已无可具考矣。越有干王,当是越灭吴(在纪元前四七三年)而封其支庶于干,遂为干越。临淮本跨淮水南北,是干越当亦跨有淮水南北之地。从刘邦起丰、起留、起薛之越将、越连敖,当即此干越之人,于时于地皆合。干国古为何族,已不可具考;然吴越据干之后必有大量越人迁入则可决也。越人之居淮水南北既久,亦必习于骑乘,汉官有胡骑校尉、越骑校尉以掌胡骑、越骑。或以骑乘非越人所长,而以"材力超越"释"越骑"(见《汉书·百官公卿表》师古注引邓展说）。然"越骑"苟为"材力超越"，则"胡骑"又将何以释之？是皆昧于淮水南北早有越人之实也。知邗国之在临淮，则知邗沟亦在临淮。杜预说邗沟在广陵，尚无不可，而必以邗沟在江都，则隘矣。自干越之事不明，而高诱之注《淮南子·原道》、韦昭之注《汉书·货殖传》（《御览》卷一七〇引）、司马彪之注《庄子·刻意》（《经典释文》引），皆不免差互。尹知章注《管子》、杨倞注《荀子》，亦皆失之。颜师古注《汉书·货殖传》，以"于越"即"於越"为说，而不知"于"为"干"之字误。后世学人多踵其误，戴震校《大戴礼记》、毕沅校《墨子》、卢文弨校《荀子》皆误改"干"为"于"。惟《路史》知应为"干"字，而其说干国所在则又误（《国名记》己）。刘台拱、王念孙、俞荫甫、王先谦知作"干"不误，然皆未予分说。惟许慎、徐广两家之说最分明可据，兹略考如上。至前人致误之由，不暇辨也。干越之义明，则越人早居淮北之事亦明，则或疑越人不都琅琊，或疑骑乘非越人所长，或疑邗沟在江都，一切误说皆可不辨自明。

《史记·货殖列传》言："越楚有三俗。"太史公于此以习俗之差异分越楚之地为三区：自淮北、沛、陈、汝南、南郡为西楚；彭城以东、东海、吴、广陵为东楚；衡山、九江、江南、豫章、长沙为南楚。并谓南楚、西楚"其俗大类"；而东楚则"其俗类徐、僮，朐、缯以北俗则齐"。朐、缯在东海郡，近齐，故"以北俗则齐"。徐、僮在临淮，乃干越之地;东楚"俗类徐、僮",即类干越也。疑其地亦故干越之境。东楚与沛公起丰、起薛、起留之地紧相连接,地有越人,胡复何疑。西汉初,高祖以东阳郡(即后之临淮、广陵)、鄣郡(即后之丹扬)、吴郡五十三县立刘贾为荆王,以薛郡、东海、彭城三十六县立刘交为楚王。刘贾死,高祖诏曰:"吴,古之建国也,日者荆王兼有其地,今死无后,朕欲复立吴王。"于是立刘濞为吴王,王刘贾故地三郡五十三县。是淮西称楚,淮东称吴,亦略如西楚、东楚之分。是东楚故吴地,后入越,越人所居,后又入楚,其称"越楚",殆以此耶!汉初封吴、楚,同时亦封齐。其封齐王肥曰:"诸民能齐言皆予齐王。"(《史记·齐悼惠王世家》)则吴、楚之封,其畛域岂亦以越语、楚语为畔乎!苟此言非谬,以汉世东楚并吴王濞之地观之,则汉初越族之分布本广,固不必待武帝时闽、瓯之北徙而江淮之域始有越人也。《汉书·地理志》言:"今之会稽、九江、丹扬、豫章、庐江、广陵、六安、临淮,尽吴分也。"则较东楚、吴濞之境又广。谓之"吴分",当亦故为吴地;而其"民俗略同",殆以同有吴越之族为然。然班氏谓其地"本吴越,与楚接比,数相兼并,故其民俗略同"。吴越与楚接比之地,当指九江、丹扬、豫章、庐江等郡,其地固多越人于秦汉之世北徙者,而班氏不以秦汉徙民为释,乃以先秦时"本吴越","数相兼并"为说,是班氏以此数郡之有越人盖在先秦之世已然。是亦以越人之北徙不始于秦汉也。班氏《汉书·地理志》以会稽等八郡为"吴分",固足以资考论越人之分布;然班氏于此"吴分"外复以苍梧、郁林、合浦、交趾、九真、南海、日南等七郡为"越分"。遂若吴、越本自不同。然班氏于此实有大谬不然者。考班氏于此"越分"文内历叙少康封庶子于会稽至勾践并吴,下至闽君摇汉时复立为王等越事,皆与此七郡无关。此七郡者故赵佗之国,而佗则固与少康、勾践无涉也。班氏以会稽等八郡越人所居之地名之为"吴分",以其地为吴之建国释之,尚强为可通;而以与少康、勾践毫不相涉之苍梧等七郡为"越分",则不免大错。后世学人或奉班氏之说为圭臬,而以此七郡亦为勾践之族所居,则失之远矣。

五　古代中国南方与
交趾间之民族迁徙

　　《史记·西南夷列传》言:"南越以财物役属夜郎,西至桐师,然亦不能臣使也。"夜郎、桐师皆西南夷,南越虽"不能臣使",然亦尝"役属"之,且"夜郎始倚南越,南越已灭……夜郎遂入朝",是西南夷与南越之关系固未可忽也。西南夷盖居南越、西瓯之西,《西南夷列传》举其君长"最大"者有夜郎、滇、邛都、莋都、冉駹、白马之属。然通观汉晋之世,句町实亦一方之雄也。《华阳国志·南中志》载:兴古郡"句町县:故句町王国名也。其置自濮,王姓毋,汉时受封迄今"。"汉时受封",当指汉武开西南夷时;然汉世之封盖就其旧国而授之,亦犹夜郎、滇之类,殆皆汉前古国。"迄今",谓常璩作《华阳国志》时,略当东晋穆帝之世。前后逾五百年,祚延久长,远非夜郎、滇可及。

　　《汉书·地理志》牂柯郡有句町县,师古注引应劭曰:

"故句町国。"杨守敬《水经注疏》卷三六言:"句町在开化(今云南文山县)、镇昌(今广西德保县)之间。"王先谦《汉书补注》言:句町"在宁保(今云南广南县)、百色、泗城、镇安之间"。王氏所指即包于杨氏所言区域内,两说并无歧异。是其地为牂柯南境,与交趾、郁林两郡相接。《汉书·昭帝纪》载:元凤五年(纪元前七六年),"罢象郡,分属郁林、牂柯"。句町宜自象郡分属牂柯者。

《汉书·西南夷传》载:昭帝始元四年(纪元前八三年),"姑缯、叶榆复反……蛮夷遂杀益州太守。……钩町侯亡波率其邑君长人民击反者,斩首捕虏有功,其立亡波为钩町王。"姑缯、叶榆为巂、昆明之族所建国。姑缯事唯见于此。《汉书·匈奴传》载扬雄《谏拒匈奴单于来朝书》言:"往时探姑缯之壁,籍荡姐之场……固已犁其庭,扫其闾。"是姑缯即于此役破灭,而句町适以此役建功,并自侯爵晋级为王。是句町之强固未可忽也。《传》又载:"成帝河平(纪元前二八—前二五年)中,夜郎王兴与钩町王禹、漏卧侯俞更举兵相攻。"夜郎为南夷君长之"最大"者,句町能与夜郎相攻,其国力自必不弱。汉王朝卒以此事杀夜郎王兴。夜郎自王兴被杀后,《西南夷传》不再见夜郎事;《后汉书·西南夷列传》中虽有《夜郎传》,亦不见东汉夜郎事。《后汉书·任延传》载:建武初(《资治通鉴》叙此事于建武五年,公元二九年),"征(延)为九真太守,光武引见,赐马杂缯。……徼外蛮夷夜郎等慕义保塞。"同书《安帝纪》载：永初元年（公元一〇七年），"九真徼外夜郎蛮夷举土内属"。同书《南蛮传》亦载："安帝永初元年，九真徼外夜郎蛮夷举土内属，开境千八百四十里。"是夜郎于西汉末叶已自牂柯南迁交趾也。夜郎之举族南徙，显为句町所迫；句町之能祚延久长，岂偶然哉！

　　句町之西有进桑，亦居牂柯西南境。《水经·叶榆河注》载马援言："从麊泠水道出进桑王国，至益州贲古县，转输通利，盖兵车资运所由矣。"称"进桑王国"，是进桑亦一少数民族之建国。《汉书·地理志》牂柯郡有进桑县，《续汉书·郡国志》作"进乘"，未审孰是。王先谦《后汉书集解》谓："当在临安府（治今云南建水县）东南境，接越南界。"较阮元《云南通志》说进桑在越南境者为长。进桑在句町西，疑亦故象郡地也。

　　漏卧侯尝与句町合兵攻夜郎，当亦其时一民族部落。《汉书·地理志》牂柯郡有漏卧县，师古注引应劭曰"故漏卧侯国"。顾祖禹《读史方舆纪要》以为在云南罗平州。

　　诸葛平南后立兴古郡，句町、进桑、漏卧皆属焉。《华阳国志·南中志》言：兴古郡"多鸠獠濮"。《太平御览》卷七九一引《永昌郡传》言：兴古"郡领九县，纵经千里。……九县之民皆号曰鸠民"。鸠民应即鸠獠濮，是不仅句町为濮人所建，进桑、漏卧亦并濮人所建也。是此濮人为南邻交趾之大族，惟未尝闻此濮人有南迁交趾者。史载诸葛入南，李恢兵力最强，唯其"追奔逐北"亦仅"南至盘江"而止,盘江以南为兴古郡,是濮人所居之地固未尝起兵反蜀也。

《华阳国志·南中志》载:永昌郡"有穿胸、儋耳种(《后汉书·西南夷列传》作"穿鼻、儋耳"),闽越濮(下文作"闽濮",此"越"字系衍文)、鸠獠,其渠帅皆曰王。"又载:其地"有闽濮、鸠獠、僄越、裸濮、身毒之民"。知此郡之族类实繁,盖濮人亦有多种也。后世所见复有文面濮、木棉濮、折腰濮、赤口濮、黑僰濮、尾濮等名目。尾濮之名当见于文献最早。《广韵》一屋云:"獛铅,南极之夷,尾长数寸,巢居山林。出《山海经》。"今本《山海经》无此语,当为逸文。此当即永昌郡之尾濮。《山海经》为巴蜀楚人之书,故能记此"南极之夷"。《尔雅·释地》"南至于濮铅",当即袭《山海经》之说。《太平寰宇记》卷八〇巂州,引《九州要记》亦言"濮夷在郡界千里,常居木上作屋,有尾长二寸"。此西南夷之濮,当与《牧誓》"微、卢、彭、濮"之濮不同。虽皆名濮,宜有南北之异。《风俗通义》言:哀牢夷"种人皆刻画其身象龙文,衣皆著尾"(《后汉书·西南夷列传》注引),此当即所谓尾濮。哀牢于后汉明帝时置永昌郡。蜀汉时,益州、牂柯、越巂三郡大姓煽动叟夷反蜀,而永昌独保境为蜀,岂亦以其地多濮人,与叟夷不同种类,而不为大姓所煽惑耶!

《华阳国志·南中志》又言:建宁郡谈稿县"有濮獠",此濮獠当为诸葛平南后,李恢迁永昌"濮民数千落于云南、建宁界，以实二郡"者。杜预《春秋释例》言："建宁郡南有濮夷。"（《左传》文十六年孔颖达疏引）杜为西晋人，此正就李恢所迁言之。然杜预以此建宁郡之濮说春秋时江汉之濮，似有未当。西南之濮原有多种，以鸠獠濮最盛，"獠"名后遂代濮而兴。《三国志·张嶷传》注引《益部耆旧传》谓："牂柯、兴古獠种复反，（马）忠令（张）嶷领诸营往讨，……嶷招降得二千余人，悉传诣汉中。"此兴古獠种即鸠獠濮也。事在建兴十一年（公元二三三年）后，是獠人入蜀之最早者。李寿时（公元三三八—三四三年）南中突有獠人十余万落北入巴蜀，不得前此毫无朕兆也。

兴古郡为鸠獠最多之地，东与郁林郡接，而郁林则多乌浒。《后汉书·南蛮传》言：交趾"西有啖人国，生首子辄解而食之，谓之宜弟。……今乌浒人是也。"注引万震《南州异物志》曰："乌浒，地名，在广州之南、交州之北，恒出道间，伺候行旅，辄出击之，利得人食之，不贪其财货。"《太平御览》卷七八六引《南州异物志》言：乌浒"出得人归家，合聚邻里，县死人中当四面向坐，击铜鼓歌舞饮酒"。又引裴渊《广州记》曰："晋兴有乌浒人，以鼻饮水，口中进啖如故。"此皆乌浒特异之俗。《南蛮传》又言："灵帝建宁三年（公元一七〇年），郁林太守谷永以恩信招降乌浒人十余万内属，开置七县。"是乌浒之族分布至广，人数众多。据《太平寰宇记》所载，岭南之横州、柳州、贵州、容州、郁林州等皆有乌浒人。且有北至桂州、沅州,南至交州、陆州者。《太平御览》卷九四一引《交州异物志》曰:"乌浒,山居,射翠取羽,剖蚌采(原讹作"探")珠。"《太平寰宇记》卷一七〇引《交州记》曰:"乌浒人,初生子食之,曰宜弟。"是乌浒人自交趾之西东来,经郁林、牂柯,再北上荆、湘,南入交、陆,迁徙之迹,大略如此。

自习俗考之,乌浒人与獠人最近。《太平御览》卷七九六引《永昌郡传》言:"獠人喜食人,以为至珍美。……能水中潜行,行数十里。能水底持刀刺捕取鱼。其人以口嚼食,并以鼻饮水。"《北史·獠传》略同。獠人用铜鼓,亦见《北史·獠传》及《隋书·地理志》。是乌浒当亦獠类。《汉书·贾捐之传》言:"骆雒之人,相习以鼻饮。"贾氏于此误以朱崖为骆越,又误以鼻饮为骆越之俗。诸书无言骆越啖人者,骆越人垦食骆田,已知农业,显与乌浒有别。或贾捐之时,乌浒初自交趾之西而东来朱崖,贾氏习闻骆越之名,未知乌浒之号,遂以骆越之名称之,疏矣。唯獠人之东出疑当更早。《墨子·鲁问》言:"楚之南有啖人之国焉,其国长子生则解而食之,谓之宜弟。"此正《后汉书》所谓啖人国也。是当墨子时已见于楚之南矣。《墨子·节葬下》又言:"越之东有輆沐之国者,其长子生则解而食之,谓之宜弟。"两记当为一事。"輆沐"当为种族之名,而"啖人"则以其习俗称之也。唯楚南、越东互异,此殆行文之便耳。越东沿海未闻有此俗之国,自以楚南为是。《水经·温水注》引《南裔异物志》，以"儋耳、朱崖俱在海中，分为东蕃"。则以此较沐为越东亦未为不可。《太平广记》引《广州记》言："永昌郡西南千五百里有缴濮国（《广韵》：缴，下革切，音核），其人有尾。"此与前揭尾濮之说合。此"缴濮"与《墨子》之"较沐"音读相近，疑为同名异写。是此较沐、濮铅、乌浒、鸠獠当为同类。濮本多种，惟鸠獠最盛，獠称后遂代濮而兴，而濮名渐以无闻。

移住迁徙，乃古代民族所常有，为治民族史者所不可忽。迁徙之因常非一端，或能考而明之，或则已不可考。秦灭巴蜀，开明之子孙南迁交趾（详后《安阳王杂考》）；句町、夜郎相攻，夜郎亦南徙九真徼外；而乌浒则自交趾之西而东入郁林，又部分北上湘沅、部分南入交趾。此皆我国南方民族之南入交趾者也。至交趾民族之北入中土者亦有数事可考。

《后汉书·南蛮传》载："建武十二年（公元三六年），九真徼外蛮里张游率种人慕化内属，封为归汉里君。""里"后又作"俚"。张华《博物志》言："交州夷名俚子。"是俚人自东汉之初以至西晋皆居交州也。《南蛮传》又言：交趾"征侧、征贰反，九真、日南、合浦蛮里皆应之"。里人虽分布于三郡，犹皆交州境域。《太平御览》卷七八五引《南州异物志》云："广州南有贼曰俚，此贼在广州之南，苍梧、郁林、合浦、宁浦、高凉五郡中央，地方数千里，往往别村各有长帅，无君主，恃在山险。"案《宋书·州郡志》："宁浦郡，(晋)武帝太康七年(公元二八六年)，改合浦属国都尉立。"此五郡有宁浦，则所述当为西晋后情状，是俚人于时已北上及于郁林、苍梧矣。张华所见则稍前事。自晋以后，南朝诸史载俚事颇多，《宋书》之《羊希传》《徐豁传》、《南齐书·州郡志》、《梁书·兰钦传》、《陈书》之《周文育传》《欧阳頠传》《胡颖传》《沈恪传》《萧引传》，皆有记录。其地则自越州、始兴、晋康，北至衡湘之际，皆有俚人踪迹，是又非止广州之南，且更及于广州之北矣。是俚人于汉、晋、南朝之际自交趾北上之事至显，而分布地区遂亦广也。

"獠人入蜀"为汉唐间西南民族之一大事。《晋书·李势载记》言："初，蜀土无獠，至此始从山而出，北至犍为、梓潼，布在山谷，十余万落，不可禁制，大为百姓之患。"《北史·獠传》亦言："獠者盖南蛮之别种，自汉中达于邛筰，川洞之间，所在多有。"自《元和郡县志》《太平寰宇记》《舆地纪胜》诸书考之，巴蜀境内，长江南北各州，溯岷江至蜀州，溯沱江至简州，溯涪至绵、梓，溯嘉陵至巴、集、壁、阆，无不有獠，甚且北逾米仓至于汉中，分布之广，甚可骇异。李膺《益州记》载之本详，虽书已散佚，其遗文所记獠事亦夥。唯李膺第言"李寿从牂柯引獠入蜀"，牂柯獠人从何来则未及也。《太平御览》卷一六八引《四夷县道记》曰："李特孙寿时(公元三三八—三四三年)，有群獠十余万从南越入蜀汉间,散居山谷,因斯流布。"是入蜀之獠来自南越,非止牂柯而已也。当是自南越入牂柯,再自牂柯而入蜀汉。此事于西南历史关系至大,当另考论。

汉晋南北朝时期,我国南方民族北徙之事颇繁:如巴蜀境内赉人、氐人之北迁,武陵蛮之北上,廪君蛮之东北徙,皆事之至明著者也。《魏书》《北史》之《蛮传》皆谓:"蛮之种类,盖槃瓠之后,其来自久。……在江淮之间,依托险阻,部落滋蔓,布于数州,东连寿春,西通上洛,北接汝颍,往往有焉。其于魏氏之时,不甚为患,至晋之末,稍以繁昌,渐为寇暴矣。自刘石乱后,诸蛮无所忌惮,故其族类渐得北迁,陆浑以南,满于山谷,宛洛萧条,略为丘墟矣。"《宋书·蛮传》亦谓:廪君之裔"北接淮汝,南极江汉,地方数千里"。我国南方民族,何为前不在汉、后不在唐,而独于此魏晋之世竟相继北徙耶?窃以为当因此时之俚人、獠人自交趾北上,冲击居于武陵、南郡之槃瓠、廪君之族,而槃瓠、廪君遂北走荆、雍、豫、郢,固出于事之不得已也。

然交趾俚、獠之移徙北走,殆又以林邑、扶南崛起于汉晋之世所致。《水经·温水注》言:"古战湾,吴赤乌十一年(公元二四八年),魏正始九年,交州与林邑于湾大战,初失区粟也。"又言:晋康帝建元二年(公元三四四年),林邑王范文"攻日南、九德、九真,百姓奔迸,千里无烟"。当正以林邑北侵交州,于是交州之俚獠乃相继北上,而槃瓠、廪君、寅人遂亦北迁。《隋书·林邑传》载林邑葬俗:"男女皆随丧至水次,尽哀而止,归则不哭。每七日然香散花复哭,尽七七而罢。至百日、三年亦如之。"七七、百日之礼,为中土所无,亦印度佛教所无,而道教主之。元魏、北齐之世,君臣已习行之(见《北齐书·孙灵晖传》)。是林邑之俗盖随民族之北徙而传之中国也。道教之初起,盖行于寅、叟之族,倘其本为南土之宗教,亦随民族之北徙而入中土耶!是自战国至晋七八百年间,中土南方之域与交趾之间,民族之迁徙颇繁,南迁者有之,北徙者亦有之,且其族类不可以一二数,然交趾之主体民族——骆越——则早已居于交趾、九真之地,既非自北南迁,亦未见有北迁之迹;是古西南民族之南北迁徙虽频,然于南北主体民族之大局固无与也。

六 "秦象郡为汉日南郡"辨

秦始皇南取百越之地,以为南海、桂林、象郡。《汉书·地理志》言:"日南郡,故秦象郡,武帝元鼎六年开,更名。"是班氏以秦象郡为汉日南郡,其地在今越南境。法人马司帛洛作《秦象郡考》,据《山海经·海内东经》载"沅水出象郡镡城西","郁水出象郡",《茂陵书》载"象郡治临尘,去长安万七千五百里"(《汉书·高帝纪》师古注引臣瓒),《汉书·昭帝纪》载元凤五年(公元前七六年)"秋,罢象郡,分属郁林、牂柯",谓象郡当在牂柯、郁林之间,其地部分跨有广西、贵州两省(译文载冯承钧《西域南海史地考证译丛四编》,中华书局一九五八年十一月版)。所考可谓当矣。然法人鄂卢梭于所作《秦代初平南越考》中犹喋喋不休,谓《山海经》有脱误,《茂陵书》有错字,《昭帝纪》"罢象郡分属郁林、牂柯"之说可疑,固执秦象郡在日南之说。且更臆度汉世交趾、九真、日南三郡"就是秦时的象郡几近全郡的地方";"故象郡的极北境,就是现在两广的南境"（译文载冯承钧《西域南海史地考证译丛九编》，中华书局一九五八年八月版）。然此实主观臆断以不狂为狂之说也，不可不略缀数语以申论之。至马司帛洛之已考论者，读者可自检阅，此不赘述。

旧谓《山海经》为禹益所作，斯为妄也；然以为秦汉人作，亦误。盖其书当作于周世，而有秦末汉初附益之文（说详另文《略论〈山海经〉的写作时代及其产生地域》，载《中华文史论丛》第一辑，中华书局一九六二年八月版）。此秦末汉初附益之文，所载秦汉郡县殆以十数，胥皆不误，独此象郡二条有误，岂有如此巧合之事。《茂陵书》确显有讹误，然鄂卢梭以道里之数不误，而以临尘为临邑即林邑之误，则又非是。案临尘两汉属郁林郡，明载于两《汉志》。刘昭《郡国志》注补言：郁林郡在"洛阳南六千五百里"。凡言若干里，皆据治所在距京都而言，汉郁林郡治布山县，其去洛阳为六千五百里，则临尘去长安有"万七千五百里"，是《茂陵书》此"万"字当为衍文，或后世校官误以象郡在日南而妄增者。刘昭又言长安在洛阳西九百五十里，然自长安去郁林，盖出武关浮汉水而南，不必绕道洛阳，则必不足七千四百五十里。虽临尘尚在布山南，去此"万"字，则长安去临尘七千五百里，道里差合。刘昭又言：日南郡在"洛阳南万三千四百里"。《水经·温水注》言：汉"日南郡治西卷县。《林邑记》曰：'城去林邑步道四百余里'"。是长安去林邑亦必不足万四千八百里,何得谓"万七千五百里"为无误也?

《淮南子·人间》言:秦使"尉屠睢发卒五十万为五军:一军塞镡城之岭,一军守九嶷之塞,一军处番禺之都,一军守南野之界,一军结余干之水。三年不解甲弛弩……以与越人战。……(越人)夜攻秦人,大破之,杀尉屠睢,伏尸流血数十万,乃发谪戍以备之"。是秦人南境所及,谪戍而已。《淮南子·氾论》又言:秦时"发谪戍,入刍稿,头会箕敛,输于少府;丁壮丈夫,西至临洮、狄道,东至会稽、浮石,南至豫章、桂林,北至飞狐、阳原"。《舆地纪胜》卷一〇三引《桂林志》云:秦城"在兴安县,秦始皇三十三(原讹作"二十三")年筑以限越"。是秦军南境所戍守者,正镡城、九嶷等五岭之地,故《史记·陈余列传》言:秦"南有五岭之戍"。则是秦时南境所及,至于苍梧、桂林而止耳,不能南至日南也。

《史记·南越尉佗列传》言:"秦已破灭,(尉)佗即击并桂林、象郡。……高后崩,即罢兵。佗因此以兵威边,财物赂遗,闽越、西瓯、骆役属焉。"秦亡至高后崩,相距二十八年,是尉佗于击并象郡二十余年后始克役属骆越也。苟秦之象郡在日南,由南海至日南必由交趾,则尉佗于未役属骆越(即交趾)之前不能径击象郡也。然史明载击并象郡在先、役属骆越在后,则象郡之不得在日南明矣。《水经·叶榆河注》引《交州外域记》载:尉佗破安阳王后,"越王(尉佗)令二使者典主交趾、九真二郡"。是尉佗始终未至日南也,则尉佗所击并之象郡之不得在日南也益明。

然《汉书》谓"日南郡故秦象郡",自亦有故。《史记·秦始皇本纪》二十六年言:秦"地东至海,暨朝鲜,南至北向户"。二十八年又载琅琊台刻石文曰:"皇帝之土,西涉流沙,南尽北户,东有东海,北过大夏。"皆谓秦之南境到达"北户",然均未确指此北户究在何地。北户之名亦见《尔雅·释地》,以为四荒之地,亦未确言所在。高诱注《淮南子·地形》之"反户"曰:"言其在乡日之南,皆为北乡户,故反其户也。"刘逵注《文选》左思《吴都赋》"开北户以向日"曰:"日南人北户,犹日北人南户也。"此所谓"日南""日北",盖指赤道之南北言之,而日南郡则实尚未及赤道也。《论衡·谈天》言:"日南之郡,去洛且万里,徙民还者问之,言日中之时,所居之地未能在日南也,度之复南万里,曰在日之南,是则去洛阳二万里乃为日南也。"《太平御览》卷四引《后汉书》曰:"张重,字仲笃,明帝时举孝廉。……帝曰:'日南郡人应北向看日。'答曰:'……臣虽居日南,未尝北向看日。'"是日南、北户皆推论之辞,非日南郡之果如斯也。至《秦始皇本纪》所言秦地"南至北户"云云,更皆浮夸之辞,非其情实。汉平南越,于交趾、九真以南谓之日南,盖以其为南境最远之地而名之耳,非谓其地果在日之南(赤道南)也。《汉书·地理志》载日南郡有比景县,师古注引如淳曰:"日中于头上,景在己下,故名之。"《水经·温水注》引阚骃《十三州志》曰:"比读庇荫之庇,景在己下,言为身所庇也。"然此比景之事亦当于赤道之地求之,日南郡境不可得也。秦人既虚夸其地"南至北户",汉人因以其时最南之象郡当之,而又以汉时最南之郡即秦时最南之郡,于是汉之日南郡遂为秦之象郡矣。此当即班氏以汉日南郡说秦象郡之所本,非别有确据也。诚不思象郡为始皇三十三年南取陆梁地所置,其事明载本纪,何得于始皇二十六年、二十八年即已有其地也。是日南、北户、象郡,本不相干,合一之谬,事至显然。《汉书·贾捐之传》载捐之论罢珠崖郡(在今海南岛)之言曰:秦"地南不过闽越,北不过太原",是以秦之南境在珠崖以北,以明珠崖郡之当废。苟秦之南境已达远在珠崖以南之日南,又何以明珠崖之当废弃耶?且秦"地南不过闽越",当为西汉时人之所共知,故捐之言于朝堂,是秦之象郡不得南至日南也明甚。自《汉书》以汉日南郡为秦象郡,后世学者多囿于成说,而妄人又据日南在洛阳南万三千四百里,径改《茂陵书》所载象郡去长安之道里数,于"七千五百里"前臆增一"万"字,象郡之地望遂益纷纷矣。

七　安阳王杂考

越南史籍自吴士连《史记全书》(又名《大越史记》或《大越史记全书》),迄陶维英《越南古代史》,莫不备载蜀王子泮征"雄王"、并"文郎"、称安阳王、建"瓯骆国",及卒为赵佗所灭事。虽安阳王建国于骆越不过数十年,然此实越南建立阶级国家之始,亦为越南有信史之始,旧史咸称之为"蜀朝",陶维英书亦予肯定,其关系越史之重可知也。然越南自纂史著盖晚,殆始于十三世纪,去安阳王已一千五百年,载笔者率多取中土旧籍为说。然中土旧籍于边裔史事率多缺略;或首尾不备,或殊篇异辞,或传本讹误,或转贩失实。苟不精研覃思,旁通曲证,谠正其文字,考竟其源流,匪特难免郢书燕说、鱼鲁亥豕之失,且将俾居心叵测之徒以捏造事实、歪曲历史之机。仅此安阳王一事,有待考订、辨证者实多,兹就其中七事略抒所见。

(一)开明氏迁交趾考

现存越人史著之最古者为黎崱之《安南志略》,书成于元代。次为不著撰人名氏之《越史略》,作于明洪武时。两书皆载蜀王子为安阳王事,后此诸作咸绍述之。旧史俱谓蜀王子名泮,巴蜀人,其为我国四川地区之古巴蜀甚明。然新近越人诸书第谓之“蜀部族”,谓为“住在今天(越南)北部的东北部一个部族”,或谓为“居住在山区的瓯越族的首领蜀泮”,而讳言其为“蜀王子”“巴蜀人”,似有疑乎此者。盖西蜀之与交趾,山川遥隔,诸史又缺蜀王子孙播迁之记载,挚此疑窦,自不足怪。然考之诸书杂记,亦获其蛛丝马迹焉。

黎崱《安南志略》记安阳王事,据云出自《交趾城记》。《交趾城记》一书无考。细玩其文,实与《水经·叶榆河注》引《交州外域记》及《太平寰宇记》卷一七〇引《南越志》载安阳王事大同,故此《交趾城记》当为《交州外域记》之讹。《交州外域记》为记安阳王事之最早著作,然《隋书·经籍志》《唐书·艺文志》皆未见著录,当已早佚。书中所载地名与《太康地记》同,或晋时书也。《叶榆河注》所引二则关系安阳王事至重,兹录之如下:

交趾昔未有郡县之时,土地有雒田。其田从潮水上下,民垦食其田,因名为雒民。设雒王、雒侯主诸郡县。县多为雒将,雒将铜印青绶。后蜀王子将兵三万来讨雒王、雒将,服诸雒将。蜀王子因称为安阳王。后南越王尉佗举众攻安阳王,安阳王有神人名皋通,下辅佐,为安阳王治神弩一张,一发杀三百人。南越知不可战,却军住武宁县。按《晋太康记》,县属交趾(此当为郦道元按语——引者)。越遣太子名始降服安阳王,称臣事之。安阳王不知通神人,遇之无道,通便去。语王曰:"能持此弩王天下,不能持此弩者亡天下。"通去,安阳王有女曰媚珠,见始端正,珠与始交通。始问珠令取父弩视之。始见弩,便盗以锯截弩讫,便逃归报南越王。南越进兵攻之,安阳王发弩,弩折,遂败。安阳王下船径出于海。今平道县后王宫城,见有故处。《晋太康地记》县属交趾(此亦郦道元按语——引者)。越遂服诸雒将。

越王令二使者典主交趾、九真二郡民。后汉遣伏波将军路博德讨越王,路将军到合浦,越王令二使者赍牛百头、酒千钟及二郡民户口簿诣路将军,乃拜二使者为交趾、九真太守,诸雒将主民如故。

《史记·南越尉佗列传》索隐引《广州记》、《唐书·地理志》引《南越志》、《太平寰宇记》卷一七〇引《南越志》、《太平御览》卷三四八引《日南传》并载安阳王事,事皆略同而文稍异。《广州记》有晋裴渊、顾微、宋刘澄之三家,《南越志》宋沈怀远撰,《日南传》见于《隋书·经籍志》,虽不著撰人名氏,其为隋前书则无疑也。盖魏晋六朝之世,我国与西域、南海之交通渐盛,自汉末中原扰攘,士人避地交州者日众,交州之事遂渐为国人所知,故记交广外域之撰述于时独富,而又多载安阳王事。是安阳王虽见于载籍稍晚,要当皆有所本,不可以其出现稍晚而少之也。

考交趾所传之安阳王,当即先秦蜀国之开明王。盖开明本非一人之名,亦非一世之号。案《蜀王本纪》《华阳国志》,蜀自蚕丛、柏灌、鱼凫、杜宇而后为开明,开明十二世为秦所灭。《蜀王本纪》言:望帝(即杜宇)禅位鳖灵,"鳖灵即位,号曰开明帝。帝生卢、保,亦号开明。""开明帝下至五代有开明。"《华阳国志·蜀志》亦称:"杜宇禅位于开明帝。""九世有开明帝。"《蜀王本纪》又言:"张仪伐蜀,蜀王开明战不胜,为仪所灭。"《蜀志》亦言:张仪、司马错伐蜀,"开明氏遂亡,凡王蜀十二世"。是开明之号为十二世所共,世世皆称开明。故其裔孙南迁交趾仍号开明。《说文解字》:"开,张也,从门,开声。"开字先韵,古音在真部。安字古音在元部。顾炎武以真、文、元为一部,段玉裁始析为三部;然以音部相近,古多通用,故段氏又言汉多三部合用(见《六书音韵表》)。是汉时开、安二字音近字通。明、阳二字古音皆在阳部,本常通用。则开明之与安阳,本为一辞之同音异写,后世不谙其故,遂若为二。且西蜀之与交趾，旧非华夏之域，以异世汉字写之，宜其音读稍殊。故余决安阳之即开明，交趾之安阳王即蜀开明氏后裔之南迁者也。

此论安阳之即开明，止以音近字通为言，苟无他说以辅之，恐难取信。故请考开明氏南迁之时间及途程以明之。

秦惠王灭蜀，为蜀开明氏南迁之主因，然开明南迁之始，则不必在秦灭蜀之年。案秦灭蜀为惠王二十二年（公元前三一六年），灭蜀后五年，惠王二十七年，张仪与张若城成都。《蜀王本纪》《华阳国志·蜀志》并载其事。《太平御览》卷九三一引《华阳国志》曰："秦惠王（更元）十二年，张仪、司马错破蜀克之。仪因筑城，城终颓坏。后有一大龟从硎而出，周行旋走，乃依龟行所筑之，乃成。"（今本佚此文）《古文苑·蜀都赋》注引《益州记》、《太平御览》卷一六六引《九州志》所载皆略同。成都俗有龟城之称盖始于此。而越南之《金龟传》亦言安阳王攻克雄王，建都封溪，有神龟助之筑城（陶维英《越南古代史》引），与张仪筑成都事略同。此显为张仪筑城传说之演变，当为开明子孙南迁后，以蜀地之传说而传之交趾者也。则是开明子孙之南迁不得早于张仪筑城之年。是时，秦灭巴蜀虽已五年，然秦廷犹置开明之裔为蜀侯以统蜀众，是开明之子孙固可不必逃窜南裔也。

秦灭蜀后，三十年间尝三置蜀侯而又三杀之，事最足怪;而诸书所载又颇矛盾、紊乱,亦最可疑。余前撰《巴蜀史的问题》曾详考其事,此但略言其要。蜀侯初封为子通,在秦惠王后元十一年(公元前三一四年),十四年杀之。次封子煇(或作"恽"),在秦武王三年(公元前三〇八年),秦昭王六年(公元前三〇一年)杀之。再次封子绾,在昭王七年,二十三年杀之。

考之史文,诸子受封时,但书"封子某"或"封公子某",而未确指其为谁氏之子,苟以常例衡之,宜皆秦王之子也。然夷考其情,则实有令人大惑不解者。秦代制度之大异于周世者莫著于废封建行郡县,故其灭国例不再封,此世人之所习知者也。李斯谓:"秦无尺土之封,不立子弟为王、功臣为诸侯。"斯为情实。何独于灭蜀之后竟屡封蜀侯? 此令人大惑不解者一。苟已封矣,按之秦制,列侯封君但衣食租税而不得君土临民。然此三蜀侯竟皆据土叛乱,且叛乱之后,王廷皆必命将出征乃能平之。侯通为甘茂所平,侯煇为司马错所平,茂、错皆秦名将,此三蜀侯之势力何能强大若此? 此令人大惑不解者二。再以各侯年齿考之,若皆秦王之子,则受封时年皆冲幼,或一、二岁,或十余岁,至被杀时亦多未至二十岁。以此稚龄,竟皆谋叛,此令人大惑不解者三。苟此三数蜀侯若非秦王之子而为蜀王开明之子孙,则此诸疑皆可冰释。再以史文考之,事亦皆然。《史记·张仪列传》言:秦起兵伐蜀,"遂定蜀,贬蜀号为侯,而使陈庄相蜀"。《战国策·秦策一》亦言:秦灭蜀,"蜀主更号为侯"。是秦封子通之前蜀固自有君侯,而此蜀侯即前此之蜀王开明也。《华阳国志·蜀志》言:张仪、司马错伐蜀,蜀王"败绩,王遁走至武阳,为秦军所害。其相傅及太子退至逢乡,死于白鹿山"。似非实录。此三蜀侯者,固皆当为蜀王开明之子孙。自史公、常璩忽于"贬号""更号"之文,益以年事之错谬,遂若治丝之益棼而不可理也。揆之当时情势,蜀虽为秦所破,其族尚众,故《蜀志》谓其时"戎伯尚强,乃移秦民万家以实之"。秦之三封蜀侯,盖亦迫于势之不得已也。亦犹汉武之开西南夷,灭夜郎、滇,虽置郡县而犹以其君长为王侯,且亦徙民实之,前后若合符辙,此岂所谓"汉承秦制"者耶!此三蜀侯当亦恃其余众之强而屡谋复国,至侯绾被诛,其势乃衰,于是秦乃罢侯"但置蜀守"。至此,秦于蜀地之统治乃益臻巩固焉。当蜀王开明子孙之自侯其国也,犹自有其土地人民,固无离蜀他去之必要。然经秦廷数度诛讨,势乃渐衰,遂不得不逃徙他方矣。故余谓开明子孙之南迁不始于秦灭蜀之公元前三一六年,而当后于张仪城成都之公元前三一一年,甚且更晚。

开明子孙南迁之路出何所,亦可略考。《史记·三代世表》褚少孙补曰:"蜀王,黄帝后世也,至今在汉西南五千里,常来朝降,输献于汉。"少孙,汉元、成间博士,所言汉事当可信。正义言:"《谱记》:蜀之先肇乎人皇之际,黄帝与子昌意娶蜀山氏女,生帝喾。立,封其支庶于蜀,历虞、夏、商，周衰，先称王者。蚕丛国破，子孙居姚、巂等处。"《谱记》之作者，时代不详，其前段大同《华阳国志·蜀志》，"蚕丛国破，子孙居姚、巂等处"，则为作者（或《正义》）之辞，盖以唐世之姚州、巂州释少孙"在汉西南五千里"也。《史记·西南夷列传》正义释"靡莫之属"言："在蜀南以下及西也，靡非在姚州北，去京四千九百三十五里，即靡莫之夷。"此正去长安五千里之姚、巂间也。核以《续汉书·郡国志》注补所载洛阳去越巂、益州里程扣除洛阳去长安里程，亦大体相合。

汉世蜀王子孙之处姚、巂间者，显为南迁交趾时之所遗留。唐巂州治今四川西昌，唐姚州治今云南姚安。蜀王子孙南迁时路出姚、巂，知其途程必经由汉之旄牛道以至巂州，再由巂州南渡金沙江入姚州，再沿《汉书·地理志》所言濮水、劳水以入交趾。

旄牛道为汉时由成都至越巂之大道。因路出旄牛，故称旄牛道。旄牛在今四川汉源县境。其途程盖由成都至雅安，再逾大相岭至汉源，再渡大渡河至越西，再逾小相岭至泸沽，再沿安宁河至西昌。《史记·司马相如列传》载相如"通零关道（当在今四川甘洛境），桥孙水（今安宁河），以通邛都"，即为此道。

余前论巴蜀史事，以蜀境之开发首为雅安地区，然后及于成都平原（详《巴蜀史的问题》）。雅安芦山县有故开明王城，即为开明居此时所筑。开明为秦所败，当亦自成都退居雅安。秦惠王后元十四年蜀侯通之叛即与此地有关。《史记·秦本纪》载:惠王后元十一年"封公子通为蜀侯",十四年"丹犁臣蜀,(蜀)相壮杀蜀侯来降"。次年,武王元年,"诛蜀相壮","伐义渠、丹犁"。丹犁臣蜀而蜀叛,平蜀叛则并伐丹犁,是丹犁与蜀叛关系至密,而丹犁为蜀侯叛党盖可知也。丹犁即沈黎,沈从尤音,与丹音同字通,黎或作犁。汉沈黎郡,武帝元鼎六年(公元前一一一年)开莋都置。天汉四年(公元前九七年)并入蜀郡为西部都尉,东汉为蜀郡属国,领汉嘉、严道、徙、旄牛四县,即包有今雅安、汉源。丹犁臣蜀,当正因蜀侯自成都退居雅安、汉源之故。秦既诛蜀侯,伐丹犁,则秦之军力亦必自成都进至雅安、汉源,而开明之子孙遂不得不自雅安、汉源再南徙矣。

《华阳国志·蜀志》载:周赧王"三十年(公元前二八五年),疑蜀侯绾反,(秦)王复诛之,但置蜀守。张若因取笮及其江南地也"。笮都虽在雅安、汉源,而笮地则不限于此。《史记·西南夷列传》集解引徐广曰:"笮音昨,在越巂。"索隐引韦昭曰:"笮县在越巂。"案《汉书·地理志》,越巂郡有大笮(略在今四川渡口市境内)、定笮(略在今四川盐源)、笮秦(疑在今四川冕宁)三县,县既以笮名,显当为笮地。则张若所"取笮及其江南地",当为今西昌以南及金沙江南之地。此正《谱记》所云蜀王子孙所处之"姚巂间"也。当秦军之至于此也,蜀王子孙必当更复远去。然亦有未尽徙者，其后裔则汉时犹"常来朝降输献"者也。

《秦本纪》载：昭王二十七年（公元前二八〇年），"使司马错发陇西，因蜀攻楚黔中拔之"。此黔中当为《秦本纪》及《西南夷列传》所言之"巴黔中"，而非秦汉之黔中郡（后更名武陵郡，详《巴蜀史的问题》）。《华阳国志·巴志》载："司马错自巴涪水取商於地为黔中郡。"又言："涪陵，本巴之南鄙，从枳南入，溯舟（原讹"析丹"，据《水经·江水注》校改）涪水，本与楚商於之地接，秦将司马错由之取楚商於之地为黔中也。"《蜀志》载此役："司马错率巴蜀众十万，大舶船万艘，米六百万斛。"此数字虽显有夸张，要为大举则无疑也。此巴涪水（涪水），即今乌江，溯乌江则必向黔西推进，至遵义，至威宁，甚且至于滇东，《刀剑录》固谓滇为黔中也。

《史记·范雎蔡泽列传》载蔡泽言：范雎相秦，"栈道千里，通于蜀汉"。范雎相秦在昭王四十一年至五十二年（公元前二六六—前二五五年），度其通栈道在公元前二六〇年前后。约当是时，李冰继张若为蜀守，大力经营西南。稍后，"常頞略通五尺道"，自僰道（治今四川宜宾）南至夜郎、滇东等地，"诸此国颇置吏焉"。《司马相如列传》言："邛、笮、冉駹者近蜀，道亦易通，秦时尝通为郡县。"或即指常頞事。邛、笮、夜郎、滇等地，秦廷既先之以军旅，继又置郡县，则蜀王子孙之处姚、嶲间者势不能东出黔中而唯南走滇中一途矣。

《华阳国志·蜀志》言："三缝,一曰小会无,道通宁州,渡泸得青蛉县。"三缝在今四川会理县之黎溪,青蛉包有今云南永仁、大姚,再南即姚安,唐之姚州。此道略同今西昌至昆明之公路线,正所谓"姚嶲间"也。《汉书·地理志》载:"贪水首受青蛉,南至邪龙入仆。""青蛉:仆水出徼外,东南至来唯入劳。""劳水出徼外,东南至麋泠入南海。"此仆水、劳水即今云南之礼社江、元江,入越南为红河,经麋泠(或作"麓泠",在今河内西北)入南海。蜀王子孙之处姚、嶲间者必沿此水道以至交趾矣。

越南民间传说,古代中国左江地区有一国名南疆,统辖九部,据有今广西南部及越北高平之地,王名蜀制,子名蜀泮。蜀泮少年嗣位,九部各主不服,兴兵围京师,意欲分国,蜀泮以智谋胜九主,得固其位。后南征文郎,文郎降服,遂称安阳王。此南疆国之蜀王,盖止二世,显当为姚、嶲间南迁之蜀王子孙。惟彼等未沿仆水直趋麋泠,而于甫入交趾即东走高平并入左江流域居焉。于征服文郎后始居于交趾之封溪。

(二)安阳王失国年代考

越南民间传说谓蜀泮征服文郎时其年尚少,与中土文献称之为"王子"者合。至赵佗灭安阳王时,安阳王已有女媚珠,且媚珠已能与越王太子仲始交通,则安阳王于时已近高年。越旧史谓安阳王建"瓯骆国",在位五十年,或当有据(或即据传说)。安阳王失国事,《大越史记》以为在秦二世二年(公元前二〇八年)。然《史记·南越尉佗列传》载佗于文帝前元元年(公元前一七九年)上书言:"其(指南越)东闽越千人众,亦称王,其西瓯、骆、裸国,亦称王。老臣妄窃帝号,聊以自娱。"案《汉书·高后纪》,赵佗称帝在高后五年(公元前一八三年)。苟秦二世二年安阳王已失国,则汉高后五年何得犹有"骆"之称王者。越旧史谓安阳王于秦二世二年失国者,盖纂史者误读佗传"秦已灭,佗即击并桂林、象郡,自立为南越武王"之文,意谓"击并桂林、象郡"当即已击并安阳王国,实以不知安阳王国当在交趾而不在桂林、象郡,遂致此误耳。

《南越尉佗列传》载:"佗乃自尊号为南越武帝,发兵攻长沙边邑,败数县而去焉。高后遣将军隆虑侯灶往击之,会暑湿,士卒大疫,兵不能逾岭。岁余,高后崩,即罢兵。佗因此以兵威边,财物赂遗,闽越、西瓯、骆役属焉。"是不仅高后五年骆犹有王,即高后死,闽越、西瓯、骆皆尚未为南越所役属,当犹自有王也。遣隆虑侯击南越事,《汉书·高后纪》载于高后七年(公元前一八一年)。《史记·汉兴以来将相名臣年表》载于高后八年,误。高后死于八年,文帝即位。文帝元年遣陆贾使南越。佗传"以兵威边,财物赂遗,闽越、西瓯、骆役属焉",正叙于高后死后、陆贾使南越前,则赵佗之役属骆越不得早于高后八年,是安阳王之失国最早亦不得过是年也。如越史所说安阳王在位五十年之说足据,则蜀泮之入骆越当在公元前二三〇年。是《大越史记》谓蜀泮于周赧王五十八年(公元前二五七年)入骆越之说未必确也。若蜀泮入骆越在公元前二三〇年,则上距张若"取笮及其江南地"五十五年,此五十五年为蜀王子孙自姚、嶲间南迁交趾之途中。由姚、嶲至交趾不及五千里,不需五十五年。必其沿途或行或止,故致稽迟,而南疆则其停留较久之一地耳。自秦灭开明氏至安阳王失国,其间历一三六年,自张若取笮至安阳王失国亦一〇五年。民间传说谓居南疆者已历二世,自开明失蜀计之,当远过二世。近人陈修和著《越南古史及其民族文化之研究》(一九四四年昆明印),仅以"遗腹子"说百余年事,其去实远矣。

(三)安阳王国疆域考略

蜀泮既建国骆越,称安阳王,则其国土亦可得而言。《南越尉佗列传》索隐引《广州记》曰:"交趾有骆田,仰潮水上下,人食其田,诸县自名为骆将,铜印青绶,即今之令。后蜀王子将兵讨骆侯,自称安阳王,治封溪县。"此文之"骆",即《交州外域记》之"雒",二字音近通用,所叙事亦大同。是安阳王所灭者为雒越,其地即汉之交趾郡也。《唐书·地理志》、《太平寰宇记》引《南越志》,亦以雒田、安阳王事在交趾。刘昭《续汉书·郡国志》注补于交趾郡下注云"即安阳王国",当亦有据。惟于交趾郡外,汉九真郡当亦雒越之地。故《后汉书·任延传》载:延于光武时为九真太守(《通鉴》叙于建武五年,公元二九年),郡有"雒越之民"。则其地当亦原安阳王所辖也。故《广州记》又载:"南越王尉佗攻破安阳王,令二使典主交趾、九真二郡。"及汉平南越,越王亦令二使者赍二郡户口簿降。且正以二郡原皆雒越之地,本有雒将,故汉平南越后虽设置交趾、九真二郡,而"诸雒将主民如故"(见前引《交州外域记》)。是安阳王所辖但有汉之交趾、九真二郡昭然明甚也。或谓安阳王尝并有西瓯,建"瓯骆国",遂谓安阳王地北至广西;考之史籍,殊无实据,说详另篇《雒越与西瓯》。

或谓《太平御览》卷三四八引《日南传》亦载安阳王事,是日南当亦安阳王国。此殊不然。前揭尉佗言:"其西瓯、骆、裸国亦称王。"此裸国与瓯、骆平举,且各自有王,显非骆越所属。《三国志·薛综传》言:"日南郡男女裸体,不以为羞。"《梁书·林邑传》言:"林邑国者,本汉日南郡象林县地。"《晋书·林邑传》言:"其人皆裸露徒跣,以黑色为美。"皆与《薛综传》合。《水经·温水注》载林邑有"徐狼外夷,皆裸身,男以竹筒掩体,女以树叶蔽形,外名狼�‹�‹,所谓裸国者也。"是裸国之名魏晋犹存。裸国盖就其习俗言之,林邑、象林,则地名也。是汉之日南郡即赵佗时之裸国,非安阳骆越之所能有。其地北接九真,则安阳王国之南界也。

(四)安阳王失国再南迁考

安阳王为赵佗所灭,其后事若何,诸书所载,略有差异。《太平御览》卷三四八引《日南传》言:"太子始降安阳王……安阳王女眉珠悦其貌而通之,始与珠入库锯截神弩,亡归报佗。佗出其非意(攻)安阳王,弩折,兵挫,浮海奔窜。"《交州外域记》言:"安阳王发弩,弩折,遂败。安阳王下船径出于海。"两书所说相合。《唐书·地理志》引《南越志》则谓:"子始得神弩,毁之。越兵至,乃杀安阳王,兼其地。"所说略有不同。《交州外域记》谓:"神弩一发杀三百人。"《南越志》则谓:"神弩一放杀越军万人,三放杀三万人。"《南越志》经后来增益之迹至明,显为后出。《太平寰宇记》卷一七〇所引《南越志》更谓:安阳王放弩,"弩散,众皆溃崩,遂破之(指安阳王),御生文犀入水走,水为之开。"事益离奇。皆不及《日南传》所述平实可信。传谓安阳王"浮海奔窜",则是更遵海南行也。《元和郡县志》卷三八载:交州"宋平县,本汉日南郡西卷县地。……安阳王故城,在县东北三十一里"。日南郡即故裸国,非雒越地,不为安阳王所辖(见前节),何得有安阳王城?此城盖安阳王失国南走、逃居裸国时所筑也。

（五）安阳王国人口蠡测

安阳王所统雒越人口史无记载，然亦略可推寻。《汉书·南越传》载：汉武帝平南越时，"越桂林监居翁告瓯、骆四十余万口降。"据此四十余万口，以《汉书·地理志》所载瓯、骆地区户口数推之，则安阳王时骆越人口数可得其大略也。《地理志》载：交趾郡七十四万六千二百三十七口，九真郡一十六万六千零十三口，共九十一万二千二百五十口，此旧骆越之地也。旧西瓯应有汉苍梧、郁林、合浦三郡地（另详《骆越与西瓯》），唯南越赵佗于苍梧地置苍梧王，《南越传》言："苍梧王赵光，与越王同姓，闻汉兵至，降。"则桂林监居翁所辖西瓯故地止汉郁林、合浦二郡之地而已。《地理志》载：郁林郡七万一千一百六十二口，合浦郡七万八千九百八十口，共一十五万零一百四十二口。是居翁所辖地内瓯、骆人口之比略为一比六，则此谕告属汉之四十余万口中，西瓯人约六万口，而骆越人约三十六万口。此骆越人口数为元鼎六年（公元前一一一年）汉平南越时数字，下距《地理志》记载户口数之平帝元始元年（公元一年）一百一十二年，骆越于此期间自三十六万口增至九十一万，略为八十年增加一倍。以此推之，汉平南越上距安阳王失国（公元前一八〇年）六十九年，时安阳王当略有二十万众。再以安阳王在位五十年计，则其初入骆越之时，骆越之民尚不足十五万口也。

《交州外域记》言:"蜀王子三万来讨雒王"。《南越志》亦谓"蜀王之子将兵三万讨雄(当为"雒"之讹)王"。是蜀兵三万之数当为可据。蜀王开明子孙之南迁,实为一民族之迁徙;此一迁徙流离之集团中胜兵者三万人,推其不胜兵者当亦不下三万,则南迁之蜀人略为六万。苟蜀泮初入骆越时之人口果为十五万,则骆民之数当略为九万,是蜀人、骆人之比为二比三。则南迁之蜀人于后世越南民族之形成关系至为重大,越旧史尊蜀泮为蜀朝,固其宜也。其在民间,蜀泮亦长期享有崇高威望;以一蜀之迁民首领,而能获后世人民之尊崇爱戴,当非偶然。蜀泮之德惠固有足怀者,而后世越人本多蜀人之裔亦不无干系也。

(六)西于王与西屠国

汉平南越,《汉书·景武昭宣元成哀功臣表》载:"下鄘侯左将黄同,以故瓯骆左将斩西于王功,侯七百户。"是赵佗于并骆越后犹立有"西于王"也。《后汉书·马援传》载援平交趾,"奏言:西于县三万二千户,远界去庭千余里,请分为封溪、望海二县。"是封溪原为西于地。世传封溪古螺城即安阳王都,陶维英谓此西于王为安阳王之裔,揆之当时情势,说当可从。赵佗既破安阳王,安阳王虽南走日南,然所统蜀人必不能尽徙,不能不立一王以领之。亦与秦汉时于民族地区开置郡县,同时又别封其首领为侯王之事相合。自汉平南越,斩西于王,西于之宗又颇南逃,后世所谓西屠王是也。于、屠古音皆在鱼部,西屠即西于也。

《初学记》卷六引张勃《吴地记》云:"象林海中有小洲,生柔金。自北南行三十里(此疑有讹误),有西屠(原讹为"属")国,人自称汉之子孙,有铜柱,云汉之疆场之表。"《梁书·南海诸国传》载:林邑国,"其南水步道二百余里有西图(原讹作"国")夷,亦称王。马援植两铜柱,表汉界处。"是此林邑南之西屠国,但"自称汉之子孙",不谓其始于马援也。《水经·温水注》引晋俞益期笺曰:"马文渊(援)立两铜柱于林邑岸北,有遗兵十余家不返。……悉姓马,自婚姻,今有二百户。交州以其流寓,号曰马流。言语饮食尚与华同。"此但言林邑有马流,不谓其建国,更不谓其建西屠国也。《温水注》又引《林邑记》云:"马援树两铜柱于象林南界,与西屠国分汉之南疆也。土人以之流寓,号曰马流,世称汉子孙也。"此文虽语稍含混,但仍以西屠、马流并举,尚未合马流于西屠亦至明也。至《新唐书·南蛮传》始创为异说,谓"有西屠夷,盖马(援)还留不去者,才十户,隋末孳衍至三百,皆姓马,俗以其寓,号曰马留人,与林邑分唐南境"。此以西屠"与林邑分唐南境",盖就唐时情实言之,是西屠犹存于唐世也。然谓西屠夷盖始于"援还留不去者"则误矣。曾不思晋人所著之《吴地记》《林邑记》(从文廷式《补晋书艺文志》说)已谓"马援树两铜柱于象林南界"为"与西屠国分",《梁书》亦谓"马援植两铜柱"为"表汉界"乎？是西屠于马援时已自为一国,岂马援所留"十户"之所能建!《太平御览》卷七九〇引《交州以南外国传》云:"有铜柱,表为汉之南极界。左右十余国悉属西屠,有夷民,所在二千余家。"《交州以南外国传》,《隋书·经籍志》著录,显当撰于隋前。西屠夷民在隋前已二千余家,是岂"隋末孳衍至三百户"之马留乎？且西屠能役属左右十余国,又岂晋时只二百户、隋时才三百户之马留所能为乎？故此自汉至唐处于南裔绵延千载之西屠国,绝非马援留人之裔,而当为西于国之南迁者,实为安阳王国之后裔。蜀开明氏子孙,竟能一建国于南疆,再建国于骆越,三建国于西捲,四建国西屠,诚非始料之所及也。

(七)文郎国名质疑

越南旧史咸谓雄王之国名文郎,安阳王攻灭雄王而并文郎。此雄王显为雒王之讹,前贤多已言之。然雒王国名文郎之说亦不见于中土载籍。中土文献虽于交州有文狼、文郎、文朗、交郎、夜郎诸种名目,然又皆与雒王无关。是雄王国名文郎之说固不能令人无疑也。

《水经·温水注》引《林邑记》曰:"朱吾以南有文狼人,野居无室宅,依树止宿,食生鱼肉,采香为业,与人交市若上皇之民矣。县南有文狼究。"《续汉书·郡国志》注补日南郡朱吾县引《交州记》曰："其民依海际居,不食米,止资鱼。"此所谓"民"正《林邑记》之文狼人。其生活习俗为"不食米,止资鱼",则与"土地有雒田""民垦食其田"之骆越民显然有别。又文狼在日南,雒越在交趾、九真,其地亦异。且雒越于先秦时已有雒王、雒侯、雒将,已具阶级国家之雏型;而文狼人于六朝犹"野居无室宅,依树止宿",其社会尚极原始。是文狼之不可与雒越混而为一断断然也。

文郎之名唯见于《太平御览》,卷一七二引《方舆志》曰:"峰州承化郡,古文郎国,有文郎水,亦陆梁地,秦属象郡,二汉属交趾郡。"同卷又引《林邑记》曰:"苍梧以南有文郎野人,居无室宅,依树止宿,食生肉,采香为业,与人交易若上皇之人。"此《林邑记》显即上揭《温水注》之所引者,唯"朱吾"作"苍梧"、"文狼"作"文郎"为异耳,检《温水注》于此《林邑记》前后皆言日南事,知作"朱吾"不误。且《林邑记》不应记苍梧事,是《太平御览》之作"苍梧"者误也。而"文狼"之作"文郎",疑编纂者故易其字也。《方舆志》不审作于何时,其体例与《通典》同,宜亦唐时书。其与《通典》不特体例相同,此段文字亦与《通典·州郡典》峰州全同,唯《通典》不作"文郎"而作"文朗",又稍异耳。《元和郡县志》与《唐书·地理志》所载又异:《元和志》言:"峰州,古夜郎之地,按今新昌县有夜郎溪。"《唐志》言:"峰州:嘉宁县,州所治,汉麊泠县,属交趾郡,古交朗夷之地。"《太平寰宇记》卷一七〇:"峰州,古文狼国,有文狼水,亦陆梁地,秦属象郡,二汉属交趾郡。"文与《通典》《方舆志》全同而又作"文狼"。同卷又言:"嘉宁县,州所理,汉麓泠县地,属交趾郡。麓泠,古文狼夷之地也。"文同于《唐志》而又作"文狼"。同卷引《林邑记》亦作"文狼"。唯《舆地广记》卷三八峰州则又作"文朗"。同一峰州之"文郎"也,而六书竟五易其名,似未可遽以编纂之先后、传写之讹误为说而定其是非也。核之史实,窃以作夜郎者为是。

《史记·西南夷列传》:"西南夷君长以什数,夜郎最大。"汉武帝开西南夷,置牂柯郡,夜郎遂入朝,汉以为夜郎王。成帝河平中(《资治通鉴》叙于河平二年,公元前二七年),夜郎王兴与钩町王禹举兵相攻。汉以陈立为牂柯太守,斩兴,兴妻父翁指与兴子邪务收余兵,迫胁旁二十四邑反,陈立率诸军讨平之。此后,牂柯不再见夜郎事。《后汉书·西南夷列传》虽有《夜郎传》,亦不见后汉时夜郎事。盖以夜郎王从此废,夜郎族人亦以遭王朝镇压而逃徙他方也。《后汉书·任延传》载:建武初延为九真太守,"徼外蛮夷夜郎等慕义保塞"。同书《安帝纪》载:"永初元年(公元一〇七年),九真徼外夜郎蛮夷举土内属。"同书《南蛮传》载:"安帝永初元年,九真徼外夜郎蛮夷举土内属,开境千八百四十里。"是东汉初期夜郎之族已南入交趾矣。"开境千八百四十里",是夜郎之南徙者颇众也。盖夜郎"东接交趾"(《后汉书·西南夷列传》),其入交趾本非难事。《晋书·苻坚载记》:苻坚派杨安、毛当取梁、益二州(《资治通鉴》叙于晋孝武帝宁康元年,公元三七三年),"邛、筰、夜郎皆附于秦"。是夜郎族人之未尽徙交趾者也。唐之峰州,汉为麊泠县,《汉书·地理志》言"都尉治"。汉制,边郡都尉"主蛮夷降者"。是麊泠当为是时少数民族众多之地,二征夫人即起于此。夜郎慕义内属,当亦徙其族类于此。麊泠之有夜郎,宜即以此。后世学者习知夜郎之在牂柯,而不察夜郎之南迁交趾也,于是以习见于交州日南之文狼易夜郎,又慊乎"文狼"之名不雅驯,遂改为"文郎",于是文郎之名遂见于峰州矣。重以手民之误,名号遂益纷纷也。越南旧史以文郎国"东夹南海,西抵巴蜀,北至洞庭,南接胡孙国(占城)"。以夜郎族人所达之地为说,犹尚近之;文狼为日南蕞尔之乡,其能张皇若是耶!

峰州之有文郎,本已张冠李戴,或人更以峰州为雒王故土,于是造为雒(雄)王国名文郎之说,遂去实益远。曾不思雒王有国时在先秦,夜郎之迁交趾,时在西汉末叶;雒王之土在交趾、九真,文狼所居在日南朱吾;必强合雒王于文郎,诚所谓心劳而日拙者矣!

八　骆越与西瓯

　　骆越之与西瓯,自民族言本为二族,自地域言本为二地,自政治组织言亦本二"国"。《秦始皇本纪》言:三十三年(公元前二一四年),"略取陆梁地,置桂林、象郡、南海"。未尝及于交趾也。《淮南子》言秦军杀西呕(瓯)君译吁宋事,亦无一语及于安阳王或交趾也。赵佗之灭安阳王,《广州记》诸书仅言得交趾、九真二郡,而无一语及于西瓯或桂林、象郡也。是骆越之与西瓯本自为二,昭然明甚。然以骆与西瓯皆在南越之西,旧史常连带言之,并称"瓯、骆",但此"瓯、骆"绝不可读为"瓯骆"也。《南越尉佗列传》载太史公曰:"瓯、骆相攻,南越动摇。"此岂可读为"瓯骆"而视之为一乎? 是太史公以瓯、骆、南越本自为三,意至明也。传载赵佗于高后崩后,"以兵威边,财物赂遗,闽越、西瓯、骆役属焉"。传又载佗于文帝时上书言:"其西瓯、骆、裸国亦称王。"是皆以"瓯、骆"并举连言,事亦至显。至陈顾野王作《舆地志》,始谓"交趾,周时为骆越,秦时曰西瓯"(《史记·赵世家》正义引)。此以骆越、西瓯二名为交趾一地之异代别称,遂合骆越、西瓯为一矣。前已言之,西瓯之地本不在交趾,骆越之名更屡见于秦汉,是顾氏之言已非其实矣,又岂足据?然而颜师古不此之察,于注《汉书·南越传》时,竟踵其误谓"西瓯,即骆越也。"《十道志》《太平寰宇记》诸书又承其说而以"西瓯、骆越"释岭南州县,遂若瓯、骆之实不可分。后世之纂越史者,又更创为安阳王建瓯骆国之说,谬种流传,遂莫可底止矣。

《安阳王杂考》篇已略论骆越所居为汉交趾、九真二郡,安阳王疆土亦止交趾、九真二郡。而西瓯之地与此无涉也。案西瓯之名最早见于《淮南子·人间》:"秦皇……又利越之犀角、象齿、翡翠、珠玑,乃使尉屠睢发卒五十万为五军:一军塞镡城之岭,一军守九疑之塞,一军处番禺之都,一军守南野之界,一军结余干之水。三年不解甲弛弩,使监禄无以转饷。又以卒凿渠而通粮道,以与越人战,杀西呕君译吁宋。越人皆入丛薄中,与禽兽处,莫肯为秦虏。相置桀骏以为将,而夜攻秦人,大破之,杀尉屠睢,伏尸流血数十万,乃发谪戍以备之。""西呕"即西瓯也。镡城在今湖南黔阳,九疑在今湖南宁远,番禺为今广州,南野在今江西南康,余干水即江西信江。以图案之,秦皇所发五军,"结余干之水"者,所向为闽中;"守南野之界""处番禺之都"者,所向为南海,且既以"处"言之,则番禺已为秦军所取，当已无甚战事；"塞镡城之岭""守九疑之塞"者，则所向为西瓯，西呕君死于此役，是当为战争激烈之地。高诱注"凿渠通粮"为"凿通湘水、离水之渠"，即今广西兴安灵渠。高诱东汉人，所说当可据。据《淮南子》论之，则西瓯当正值镡城、兴安、九疑一线之南，即今广西地也。《太平御览》卷一七一引郭璞《山海经注》云："郁林郡为西瓯。"《舆地纪胜》卷一二一引《郡国志》亦言"郁林为西瓯"（《太平御览》卷一七一引此作"西越"，误）。汉郁林郡有今广西之大部。是《淮南子》《郡国志》诸书皆说西瓯在广西。诸书自来无西瓯在交趾之说，顾野王必以西瓯为秦时交趾之称，诚不根之论也。

据《淮南子》言，秦军虽破西呕军，杀译吁宋，然秦终未能有其地也。越人犹"相置桀骏以为将，而夜攻秦人，大破之，杀尉屠睢，伏尸流血数十万，乃发谪戍以备之"。《舆地纪胜》卷一〇三引《桂林志》云：兴安县有秦城，"秦始皇三十三（原讹作"二十三"）年筑以限越"。宜即秦军为西瓯所败，"发谪戍以备之"时所筑也。则是兴安以南犹为西瓯所有也。且秦军虽已杀译吁宋，而越人犹相置桀骏以为将，则西瓯之有君自若也。及至"秦已灭，佗即击并桂林、象郡"，而西瓯犹自有其君也，故至文帝元年（公元前一七九年）赵佗犹言："西有西瓯，其众半赢，南面称王"（《汉书·南越传》）。苟如越旧史所说，蜀泮于周赧王五十八年（公元前二五七年）已灭文郎、并西瓯而建瓯骆国;或如陶维英说,安阳王于秦始皇三十三年(公元前二一四年)抗秦战争中已集合西瓯、骆越而建瓯骆国;则何以解说高后、文帝时西瓯之君犹自"南面称王"也?是自秦至汉初数十年间,西瓯、骆越各自有王至明也。越人之早期史著《安南志略》《越史略》二书,第皆谓安阳王灭骆越而已,而未言及并西瓯,更未言及建瓯骆国事,良有以也。

汉郁林郡固西瓯故地,唯西瓯地则不止郁林也。全祖望《汉书地理志稽疑》以汉郁林、苍梧、合浦皆故秦桂林郡地。其地并在九疑、镡城以南,为秦皇南平百越所置,故《太平寰宇记》载其地宋时民俗犹多椎髻徒跣,且又确指高州茂名为"古西瓯、骆越所居"(谓古西瓯所居则是,并谓骆越所居则非也),是汉之郁林、苍梧、合浦三郡宜皆故西瓯之地也。《汉书·地理志》载:郁林郡七万一千百六十二口,苍梧郡一十四万六千一百六十口,合浦郡七万八千九百八十口。苍梧一郡口数略当郁林、合浦二郡之和,宜为秦桂林郡物阜民殷之地,当为故西瓯"大破秦军,杀尉屠睢,伏尸流血数十万"之核心力量居住之区。故赵佗并其地即建苍梧国,亦犹赵佗并骆越即以安阳王后建西于国也。汉平南越,亦特置苍梧郡,当不为无因。《逸周书·王会》言"路人大竹""仓吾翡翠",是仓吾为国已早见于周世。朱右曾《逸周书集训校释》言"路音近骆,疑即骆越"是也。余亦疑仓吾应即古之西瓯。则是骆越、西瓯之各自为国,其由来尚矣。

　　及至汉晋,西瓯、骆越之名犹屡见于载籍。《淮南子》言西呕,《史记》言"西瓯、骆、裸国",《汉书》亦言"西瓯南面称王"。扬雄《方言》卷一言:"允、讻、恂、展、谅、穆,信也。……西瓯、毒屋、黄石野之间曰穆。"郭璞注曰:"西瓯,骆越之别种也。音呕。"是西瓯之国虽已早亡,而西瓯之族则汉晋犹存也。至于骆越,自《王会》"路人"而后,《吕氏春秋·本味》亦言"越骆",即汉世之骆越也。《本味》言味之美者有"越骆之菌"。高诱注:"越骆,国名。菌,竹笋也。"此"越骆"晋戴凯之《竹谱》引作"骆越",当是戴所见别本作骆越。"菌"既为竹笋,则字当作"箘"。《说文解字》:"箘簬,竹也。"段玉裁注:"累呼曰箘簬","单呼曰箘"。《文选·吴都赋》刘逵注引《异物志》言:"射箘竹,细小通长,长丈余,无节,可以为射筒。箘及由吾竹皆出交趾、九真。"交趾、九真,正骆越之地,与《本味》"越骆"之说合。是段玉裁以射筒释箘当为正解。《本味》之箘,盖取其竹笋之味美,而《王会》之"路人大竹"则就竹之美大言之。顾野王谓"交趾,周时为骆越",盖不误;然谓"秦时曰西瓯",则谬矣。《本味》之箘,足证秦时交趾犹名骆越,不名西瓯也。任延于建武初为九真太守,其地犹有"骆越之民",马援平二征起义后,"自后骆越奉行马将军故事"(《后汉书·马援传》)。则是骆越之国虽已灭,而骆越之族仍存于汉晋也。是自先秦至于汉晋,西瓯、骆越同时并存,为异地、异族之称,事甚显然。郭璞以西瓯为骆越别种,虽略嫌牵混,而其为二族之意亦至明也。

《太平御览》卷七八六引《南州异物志》言:"交广之界民曰乌浒,东界在广州之南、交州之北,恒出道间,伺候二州行旅,有单迥辈者,辄出击之,利得人食之,不贪其财货也。"(《后汉书·南蛮传》注引略同)据《隋书·经籍志》载:《南州异物志》为吴丹阳太守万震撰。《三国志·孙权传》载:黄武五帝(公元二二六年),"分交州置广州,俄复旧"。《孙休传》载:永安七年(公元二六五年),"复分交州置广州"。万震,吴人,故广州、交州分别言之。吴增仅《三国郡县表》以交趾、九真、日南、朱崖、合浦为交州,南安(即南海)、苍梧、郁林、高凉为广州。乌浒为"交广界民",适处此两州之间。《后汉书·南蛮传》载:汉"灵帝建宁三年(公元一七〇年),郁林太守谷永以恩信招降乌浒人十余万内属,皆受冠带,开置七县。"吴增仅言:"考《沈志》《元和志》诸书,吴时郁林郡属尚有新邑、长平、建始、阴平、临浦、怀安、武安七县,与谷永新开县数适合,又皆属郁林。……疑新邑等七县皆谷永所置。"七县之地可考者惟阴平、临浦、怀安、武安四县,三县皆在郁林南部,此即《南州异物志》所谓"广州之南"者耶!《南蛮传》又言"光和元年(公元一七八年),交趾、合浦乌浒反叛"。交趾、合浦正所谓"交州之北"者也。广州之南、交州之北,亦正西瓯之南、骆越之北也。是西瓯、骆越之间尚有为数众多之乌浒人介乎其间,谷永一次所招即达十余万口,合居于交趾、合浦者计之,则约二十万口。据《续汉书·郡国志》,南海郡不过二十五万口,九真不过二十万口,合浦仅八万口,日南仅十万口,苍梧仅十一万口(郁林、交趾二郡缺),是乌浒之众足当一郡。如此众多之乌浒人居于西瓯、骆越之间,而谓西瓯、骆越能合为一国,其说之误,诚不待辨。

然而,或有据《南越尉佗列传》索隐引《广州记》言:"后南越王尉佗攻破安阳王,令二使典主交趾、九真二郡。即瓯骆也。"遂以为旧史谓安阳王建瓯骆国之确证。然细勘史文,此"即瓯骆也"一语,实非《广州记》本文。索隐于"闽越、西瓯、骆役属焉"句下注云:"姚氏案《广州记》云:'交趾有骆田,仰潮水上下,人食其田,名为骆侯,诸县自名为骆将,铜印青绶,即今之令。后蜀王子将兵讨骆侯,自称为安阳王,治封溪。后南越王尉佗攻破安阳王,令二使典主交趾、九真二郡。'即瓯骆也。"案《广州记》此文但谓交趾有骆田、骆侯、骆将,及安阳王兴亡事,未尝言及西瓯也。则《广州记》何得有交趾并有西瓯之意?特姚氏以《广州记》释佗传之"西瓯、骆",遂谓"即瓯骆"耳。此显为姚氏受西瓯、骆越为一之影响而误读佗传、误解《记》文,此正学者所当为之辨正者也,又何为盲从而瞽说之耶!

《汉书·闽越传》载:"故瓯骆将左黄同斩西于王,封下鄜侯。"或又以此为实有"瓯骆国"之证。然《史记·南越尉佗列传》《东越列传》皆无此文。且斩西于王为武帝元鼎六年汉平南越事,与闽越无涉,何得入于《闽越传》?是《汉书》此传明显有误。且以"瓯骆将"为读亦误。王先谦《补注》引王念孙曰:"'故瓯骆将左黄同'当作'故瓯骆左将黄同'。《功臣表》云:'下鄜侯左将黄同,以故瓯骆左将斩西于王功,侯。'"王说是也。黄同封于元封元年(公元前一一○年),已是赵佗灭安阳王后之七十年,何得犹有所谓"瓯骆国"者!此"故瓯骆左将黄同",犹如"越桂林监居翁",皆南越之命官。"故",盖指赵佗南越;"瓯骆左将",则官号也;"黄同",其姓名也。"瓯骆左将"犹汉之"胡骑校尉""越骑校尉",为主胡、越骑之职官;"瓯骆左将"则南越所置以主瓯、骆军众之职官也。此"瓯骆左将"绝不得释为"瓯骆国"之"左将"也。

要凡《史记》《汉书》中"瓯、骆"之文,皆当依太史公"瓯、骆相攻"为正读,系"西瓯、骆越"之省文,不得误为"瓯骆"连读,更不得以为所谓"瓯骆国"之证,事至明也。

九 汉交趾郡北界考

　　汉郁林、苍梧、合浦之地为古西瓯，交趾、九真之地为古骆越；西瓯、骆越在秦及汉初皆各自为国、各自有王；是以所谓秦时尝合西瓯、骆越而建立之瓯骆国于史无据。余已详论于《西瓯与骆越》篇。瓯骆国既为子虚，欲推瓯骆之北界至于广西之境者则失其根本矣。然交趾、九真之地既为骆越，则交趾之北界宜即故骆越之北界，于是有欲推汉交趾郡地北有广西之一部以证瓯骆北有广西者。此虽亦为谬说，其误亦有根由，是又不可以不考论者。

　　汉交趾郡北接郁林、牂柯，是二郡之南界亦即交趾之北界，能明二郡之南界，则交趾之北界亦自明矣。

　　《汉书·地理志》（以下省称《汉志》）载："临尘：朱涯水入领方，又有斤员水，又有侵离水，行七百里。""增食：骥水首受牂柯东界，入朱涯水，行五百七十里。""领方：斤员水入郁。"此数水皆在郁林南境，苟能明其今为何水，案其流以求其畛域，则郁林南境所至亦思过半矣。《水经·

温水注》载:"(领方)县有朱涯水,出临尘县,东北流,骊水注之。(欢)水源上承牂柯水,东径增食县而下注朱涯水。朱涯水又东北径临尘县。……县有斤南水、侵离水,并径临尘东入领方县,流注郁水。"《水经注》卷四十言:"斤江水出交趾龙编县,东北至郁林领方县东注于郁。"又言:"侵离水出广州晋兴郡,郡以太康中分郁林置,东至临尘入郁。"郦道元于此所言,与《汉志》尽合而说稍详,正所以释之也。合两书所言,案以今地,诸水不难定也。

杨守敬、熊会贞《水经注疏》以斤江水即斤员水(或作"斤南水"),谓:"今水曰丽江,源出交趾广源州,东流入广西,经龙州厅、崇善县、新宁州至宣化县而为左江,合右江即所谓注郁也。"又谓侵离水:"今曰明江,源出上思州,西南流经宁明州,又北合龙江为丽江。"王先谦《汉志补注》论此二水与杨、熊合,而论朱涯水与骊水则异。王氏谓朱涯水为源出归顺州(今广西靖西)北之龙潭水(陈澧说同),经交趾高平府四十余里,又经太平府(今广西崇左)西北与丽江南源合,以此为丽江北源。而熊会贞于《水经注疏》中则以此为骊水,谓"骊水盖今归顺州之龙潭水,合流为左江",而谓"朱涯水盖今养利州之水"。王氏别以驮蒙江为骊水,谓东北与乌泥江通,西南与右江通。方国瑜先生谓:"驮蒙江在红水河南,源出武缘,入右江,其流甚短,与《汉志》所说'首受牂柯……行五百七十里'不相符。杨守敬《水经注图》亦以驮蒙江为骊水,而伸长其水道,贯通右江与红水河。然求之地理,实无此水也。"(《中国历代疆域图西南地区考释》第一册,一九六三年油印本)方氏之说是也。骊水当以熊氏所释为当。

《汉志》载:牂柯郡"句町:文象水东至增食入郁"。各家皆以西洋江为文象水。然文象水既"至增食入郁",是自西洋江并右江皆文象水也。《元和郡县志》卷三八言:"朗宁县,南至(邕)州百八十里,本汉增食县。"杨守敬据此谓:"增食县在今西洋江左右,南宁府西北。"《汉志》谓骊水在增食,"首受牂柯东界,入朱涯水"。则必自牂柯来且经增食县境者始得为骊水。陈澧以隆安为汉增食县,此于文象水(右江)、骊水(龙潭水)皆合,于朱涯水(养利州水)、骊水相入亦合。王先谦以䭾蒙江为骊水,既非"首受牂柯",又与朱涯水相去绝远,不得相入,此说显不可通。寻王氏此说似因《唐书·地理志》《太平寰宇记》(下省称《寰宇记》)而误。《唐志》于邕州宣化县下言:"骊水在县北,本牂柯江,俗呼郁林(原讹作"状",据《寰宇记》正)江,即骆越水也,亦名温水,古骆越地也。"(《寰宇记》卷一六六同)此实大误。若如所说,则骊水,温水之异名耳,非别为一水也。此显与《汉志》《水经注》之说皆不合。

《汉志》于牂柯郡镡封县载:"温水东至广郁入郁。"《水经·温水》亦言:"温水出牂柯夜郎县(《注》言:"径镡封县北"),又东至郁林广郁县为郁水,又东至领方县东,与斤南水合，东北入于郁。"是《汉志》与《水经》不殊。释者以温水为南盘江，王先谦、杨守敬两家并同。《汉志》于郁林郡阿林县载："郁水首受夜郎豚水，东至四会入海。"《温水注》言："郁水即夜郎豚水也。……与温水合，又东入阿林县，潭水注之。"是《汉志》与《水经》亦不殊。释者以豚水为北盘江，王先谦、杨守敬两家亦并同。《汉志》《水经》皆言温水入郁，南、北盘江会后为红水河，是红水河即郁水明矣。王先谦说同此，杨守敬作《水经注图》时犹以西洋江、右江为郁水，晚年作《水经注疏》时则改谓："郦注所云郁水则红水河也。"《汉志》于武陵郡镡成县载："玉山，潭水所出，东至阿林入郁。"释者皆以潭水为今柳江，柳江于武宣县北与红水河合为黔江，黔江再南至桂平与右江合。苟右江为郁水，则潭水何得入郁也？是红水河为郁水最合于古义。唯《水经》经、注于此皆稍自差互，而《汉志》则言之最确。故后世或有以西洋江、右江为郁水者，虽精研地学如杨守敬于作《水经注图》时犹未免于斯累；唯王先谦于此能屹然卓立，独排众议，谓"今地说家以左、右江为郁水正源，不知郁水自属豚、温，古说昭然可案"。郁为红水河，豚、温为南、北盘江之古义既明，则温、郁之不得在唐之宣化（今广西南宁）事至明也。

非仅温、郁不得在宣化，虽骥水亦不得在宣化也。前引《温水注》明载骥水入朱涯水在临尘以上，而宣化则在临尘下，则何得犹有骥水也。是《唐志》与《寰宇记》载骥水在宣化之说皆误,绝不可从。《汉志》言"骊水首受牂柯东界",熊会贞以归顺州之龙潭水释之最当。归顺州今靖西,其西正牂柯郡之东界;《水经注》变易其文,谓骊水"水源上承牂柯水",实与《汉志》之言不殊,后人拘于牂柯江为豚水、郁水之说,遂混骊水于郁水矣。此为误读道元之书,而实非道元之误。熊会贞以龙潭水为骊水,以养利州水为朱涯水,与《汉志》《郦注》皆合。龙潭水经交趾高平四十余里,与骊水之称骆越水亦合,是知熊氏之说较别家为胜。《唐志》移骊水于邕州宣化县已误,谓其为"古骆越地"则益谬。骊水之亦名骆越水者,盖以其流经骆越之地四十余里,非谓其流尽骆越之居也。苟如其说,非特宣化为古骆越地,即温水、郁水之域亦尽古骆越地矣;说地之悖谬于事理,余未见有甚于此者也!

《清一统志》谓:"太平府崇善县(今崇左县),地为汉临尘县。"前言崇善为斤员、侵离、朱涯三水先后会合之地,以崇善为临尘县地,与《汉志》《水经注》所述皆合。斤员水源出交趾龙编县,东北入郁林之临尘,此段水程至短,则龙编、临尘之界即在于是,是交趾、郁林之界亦在于是也。自文象水与骊水以定汉增食县地在今广西隆安及其西南,当亦可据。骊水上源之一段流经骆越,遂蒙骆越水之名,则是郁林郡之西南境亦略可定。郁林郡之南境,晋时分置晋兴郡。《水经注》卷四十言:"侵离水出广州晋兴郡,郡以太康中分郁林置,东至临尘入郁。"侵离水,今桂南之明江,源出上思县,经宁明入龙江。此言侵离水源不出自晋兴郡外,是明江流域尽皆晋兴境土,则是郁林郡之南境亦可得也。

汉郁林郡之西为牂柯郡,牂柯郡亦与交趾郡接壤。《汉志》牂柯郡载:"西随:麋水西受徼外,东至麋泠入尚龙溪,过郡二,行千一百六里。都梦:壶水东南至麋泠入尚龙溪,过郡二,行千一百六十里。"麋泠县,汉属交趾郡,治今越南河内之西北。"过郡二",即牂柯、交趾二郡。陈澧《汉书地理志水道图说》释壶水为"今云南宝宁县南境普梅河,南流入越南国曰宣化水"。王先谦、吴承仕、方国瑜诸家从之。宝宁即今云南广南,普梅河入越南为锦江,此说可从。陈澧释麋水为河底江,方国瑜先生从之。然河底江即元江、红河,入越南为富良江,源远流长,宜为古之劳水。《汉志》益州郡载:"来唯:劳水出徼外,东至麋泠入南海,过郡三,行三千五百六十里。"显与长仅千里之麋水不合。吴承仕《汉书地理志水道图说补正》言:"麋水,今安平厅盘龙江,首受文山县西境乌期河,东南流入越南国曰苔江,至福安县与强江合,曰宣化江,下流入洮江,尚龙溪即宣化江。"苔江又曰明江,至宣光与锦江合为宣化江,即古之尚龙溪也。吴说可从。阮元《云南通志稿》言:"都梦当自开化(今云南文山)以东,东至广南南境皆是。而西随又在其南。"说与古今水地皆能相合。此两水皆不大,源于牂柯之西随、都梦而入于交趾之麋泠,是西随、都梦与麋泠之分界即牂柯、交趾之分界也。

    汉郁林郡之临尘、增食,牂柯郡之西随、都梦,及晋时由郁林分置之晋兴郡,皆由水道以探明其所在,则知右江流域全在牂柯、郁林二郡,左江流域亦几尽为郁林之地,而锦江、明江之上源则牂柯地也,是汉世郁林、牂柯与交趾之畛域大略可知也。然明陆应旸作《广舆记》,清初蔡方炳增订之,谬以广西之庆远、思明、思恩、镇安、太平等府及泗城州、田州皆汉交趾郡地,谓非仅左、右江流域尽隶交趾,更且北至红水河、柳江之域亦并交趾郡地矣。越人邓春榜作《史学备考》尽袭其谬,且进而以思恩、庆远、太平等府部分地区为交趾郡之曲易县(邓书未见,据陶维英《越南古代史》引)。陶维英《越南古代史》亦为所误,谓:"我们认为汉代时交趾相当于今日的越南北部,包括中国广西省南部的一部分区域。"苟如所论,则交趾非仅包有桂南之一部,且更北达温、郁二水,是《汉志》所载"温水东至广郁入郁,过郡三"(指益州、牂柯、郁林三郡),"郁水首受夜郎豚水,东至四会入海,过郡四"(指牂柯、郁林、苍梧、南海四郡),皆当增一交趾郡,即改温水云"过郡四",改郁水云"过郡五",于此乃合。然传本皆无与此同者。且郁林郡,西汉十一县,东汉十二县,其境土几皆厘然可考,无从错入交趾郡地。又晋、宋、齐、梁之时,郁林、交趾皆各分为数郡,皆有交趾郡,治龙编(今越南河内市东北),郡所辖县又皆有曲易;是曲易当密迩龙编,何得远在广西之境也？斯说之乖于事理，可不待烦言。《广舆记》四库未收，仅入存目。清世舆地之学大盛，然从未见称引之者，盖以其陋劣不足道也。然此一谬说之始作俑者实非《广舆记》，《明一统志》《寰宇通志》早已如此。明世学人素疏于考证之事，固无所逃其咎，然此误盖亦由来有自也。

杜佑《通典》卷一八四云："安南府，秦属象郡，汉交趾、日南二郡界。"又列武峨州、粤州、芝州为安南都护府属，且云"土地与安南府同"，亦即"汉交趾、日南二郡界"也。此当为谬误之始。《新唐书·地理志》云："宜州，本粤州，乾封（公元六六六—六六七年）中更名。"宋于宜州置庆远节度，县曰宜山，庆远之名沿袭至清，民国更名宜山。宜州于宋时为广西重镇，《舆地纪胜》卷一二二言："广西控扼蛮夷，曰邕，曰宜。"故于其地理知之稍悉。《寰宇记》中，宜州有专卷，置于岭南道下；载芝州为宜州所领羁縻州之一，在宜州南八十五里；又载武峨州为邕州所属右江道羁縻州之一。是三州之地皆在邕州之北，邕州于唐隶岭南道，其北之三州宁能复南隶于安南都护府乎？苟如《通典》所说，三州于唐时属安南都护府，而《寰宇记》翻又载之岭南道，是岂《通典》成书之后，三州乃自安南改隶于岭南耶！然考之载籍，渺无痕迹。《新唐书》以粤州更名宜州在高宗乾封中，而杜佑作《通典》始于肃宗乾元（公元七五八—七五九年），成书则在代宗大历（公元七六六—七七九年,或说更晚),已是粤州更名一百余年之后,而杜佑何以仍称粤州,不称宜州,斯亦难于索解。旧《唐志》纂修更在《通典》之后,亦称粤州而不称宜州,且于此三州并谓"土地与安南同",皆当承袭《通典》之说。《唐志》三州本注并云:"无两京道里及四至州府。"《通典》亦正如此。是杜佑于作《通典》只知有此三州之名而实不明其地理位置,且亦不知粤州更名宜州之事,臆度其属安南都护耳。且《通典》于安南诸州并皆详其建置沿革,而独于此三数州不能言其沿革,盖以于此三数州实知之无多,故致此误。两《唐书》于此似已有所觉察而予以订正,如瀼、古、笼、环四州,并《通典》著于安南都护府者,两《唐志》皆已改著岭南,然于粤、芝、武峨则尚未及订正也。《新唐书》知粤州之为宜州,于是自安南去粤州而于岭南著宜州,然于芝、武峨两州则犹仍其旧也。据《寰宇记》,芝州在宜州南八十五里,且为宜州所辖,又岂有宜州隶于岭南而芝州隶于安南之理!《元丰九域志》于广南西路著宜州,而于羁縻州中复存粤州,杂抄众书,不加考核,竟疏谬至此!前代羁縻诸州,地本荒裔,又兼废置不常,本极纷错,故《元和郡县志》于此等处多予省略,后来作者于此亦少措意,故公私地志中差互不一者不可胜数。治史者于此等处义当订其误失以昭后来,何可因其误失而肆逞妄说,是岂忠于学术者之所忍为乎?

《寰宇记》于宜州载:"按《图经》云:'见管四县一场,

又管羁縻十六州,砂、银两监。数内温水、思顺等十二州,地理相近。……其文、兰等四州,最居偏僻,有州县且无廨宇,所有赋租,宜州差人征催。'皇朝因之。"既云"皇朝(指宋)因之",知《图经》所述自为唐时情事。地既荒僻,州县且无廨宇,宜为《通典》所忽。《寰宇记》于宜州及其羁縻十六州皆详记四至州县,于宜州下更著两京道里,当皆得自《图经》。既据《图经》案实地理所在,故能确定粤、芝、武峨三州皆为岭南道属,此足以正《通典》之失。惟《通典》因不知三州地理所在,误以三州属之安南都护,遂于三州并云:"土地同安南府。"《寰宇记》既已正三州属之岭南道矣,而于芝州仍袭"土地同安南"之误,云"土地与交州同",不免仍为《通典》所讠圭误而不自觉。幽谬之说,其难拔除有如此者!且《通典》第于安南府言"汉交趾、日南二郡界",以安南都护府言,谓其地跨交趾、日南,犹尚可通,而《舆地纪胜》既知宜州之为庆远节度使矣,竟于宜州下亦云"汉交趾、日南二郡界",庆远之地其能地跨交趾、日南二郡乎?作者王象之,非不读书者,何不思之甚也。而《明一统志》《寰宇通志》《广舆记》,下至《读史方舆纪要》,并皆继踵其误,咸谓庆远府为"汉交趾、日南二郡界",诚所谓谬种流传不可底止者也。

或以《通典》著粤、芝、武峨三州入安南都护,当为隋、唐时自岭南改属安南,未必杜佑之误也。然改属之事不仅于史无征,且亦势所不能。案《通典》于岭南道著横山郡田州，谓"土地与朗宁郡同"，于朗宁郡邕州言："秦属桂林郡，二汉以后属郁林郡。"是唐之田州、邕州在二汉时同属郁林郡、唐世同隶岭南道也。又案《通典》载邕州四至："西至横山郡（田州）六百四十二里。"《寰宇记》亦著邕州四至："西水路至旧田州六百四十二里。"是田州当在右江上游，州治略当今田阳之东。田州东与邕州接，其西则汉牂柯郡地，是右江流域为汉郁林牂柯、唐岭南道之地至明也。宜州、芝州则远在右江之北，安南都护则又远在右江之南，两地绝不相接。再以《新唐书·地理志》所载邕州都督府二十六羁縻州考之，见于《寰宇记》《九域志》，确知其在左江道者十州，确知其在右江道者八州，是邕州及其所属左、右江二道皆为岭南道地，亦明宜州、芝州与安南绝不相接。是唐之安南都护不能逾右江流域之田州、邕州而北有宜州、芝州亦至明也。是改属之说绝不可通，著三州于安南实为杜氏之误当可决也。

自汉世郁林、牂柯之与交趾，至唐世岭南道之与安南都护，其间本无改属之事可考，是其畛域未尝有变也。唯北宋熙宁间，交趾李乾德尝三道入寇，连陷钦、连、邕三州，宋以郭逵为招讨使，军至富良江，破交趾兵，得其广源州、门州、思浪州、苏茂州及桄榔州，宋改广源州为顺州。后乾德乞再修职贡，宋于是悉以四州一县还交趾。是宋世虽暂有改变，而旋又复旧也。

《唐志》及《元和志》皆详记各州四至州县，唯安南各州四至不接岭南,岭南各州四至亦不接安南,盖有少数民族居于其间,不可得而详也。故邕州有羁縻州二十六,安南府有羁縻州四十一,皆溪峒之族所居。汉时有乌浒蛮,唐时有西原蛮,界区之无争夺、改变,盖在于此。侬智高事起,宋与交趾皆出兵讨伐,盖亦以此。杜佑于此等地区有所失误,本不足奇;后世学人竟衍其失误以逞臆说,斯为足奇也。逞臆说者谓庆远、思恩、泗城、太平等府为汉之交趾,犹有《广舆记》之谬说为据,或有谓整个云南省为汉日南郡地者(陶维英《越南古代史》引邓春榜说),则求前世之谬说为据亦不可得,而说者犹言之津津而毫无赧色,则又更为足奇者也。如斯之类,诚所谓"自桧以下",不足论也。

邓春榜《史学备考》不特以庆远、思恩、太平等府为汉交趾郡地,更且直指其即交趾郡之曲易县地。其所据为《水经·叶榆河注》(《越南古代史》引)。案《水经》言:叶榆河"过交趾麊泠县北,分为五水,络交趾郡中,至东界复合为三水,东入海"。郦道元于此注曰:"北二水:左水东北径望海县南。……又东径龙渊县北,又东合南水。水自麊泠县径封溪县北。……又东径浪泊。……又东径龙渊县故城南,又东左合北水。其水又东径曲易县,东流注于浪郁。《经》言于郡东界复合为三水,此其一也。"邓氏第取"其水又东径曲易县,东流注于浪郁"一句,误"浪郁"即广西之"郁水",遂置曲易于思恩、庆远、太平等府之地,此实邓氏昧于水地之学所致也。《水经注疏》释叶榆河为云南"蒙化(今云南巍山彝族回族自治县)之阳江,东南流曰大厂河,曰礼社江,曰河底江,至越南为龙门江,入富良江以入海。"此说与《水经》谓叶榆河过交趾麋泠县北、东入海之说合,所释可从。苟以广西之郁水释浪郁,则是富良江必在流经河内(龙渊)后再北流入广西以注郁水乃可。案左江为郁水别源,其丽江源出交趾广源州,明江源出桂南上思县,合流入左江,再会右江入郁。宋人谓"郁江之源,地峭深阻",岂富良江能经河内后复北流越此"地峭深阻"之域以注郁水乎?此地势之必不可能者也。然道元确言叶榆河东注浪郁,实挚疑窦。故陈澧于《水经注西南诸水考》谓"此大误也"。然《水经注》之叙郁水实有足奇者。《温水注》言:"郁水南径广州南海郡西,浪水出焉。又南右纳西随三水,又南径四会浦水,上承日南郡卢容县古郎究。"以下直叙至林邑国。《注》于叙象林县下又插叙朱崖、儋耳两郡,谓儋耳即离耳,"《南裔异物志》曰:'儋耳、朱崖,皆在海中,分为东蕃。'故《山海经》曰:'在郁水南也。'郁水又南至寿泠县注于海"。寿泠,日南县。此《注》以南海、交趾、日南、儋耳、朱崖数郡皆涉郁水,则其所谓郁水者岂不别有旨意乎?

湘乡谢慧文先生撰《水经注水地补疏》,承惠赠副本,考论精审,远过前贤。于道元所谓郁水者证释允当:于"右纳西随三水"句下云:"今红水河至广东为西江,入南海。西随三水详《叶榆河篇》，远在交趾，即今越南富良江。而云'郁水右纳西随三水'，盖指南海为郁水下流，由琼州海峡西合富良江，故《叶榆河注》称'郁海'。《山海经·海内南经》'离耳国在郁水南'，《传》：'即儋耳也，在朱崖海渚中。'即今海南岛。郦指海为郁水，固有所本。若谓广东之水不能与越南之水相通以驳郦，草率读之矣。"于"郁水又南自寿泠县注于海"句下云："此郁水指今海南岛西东京湾，'海'指岛南之海。"谢先生善读郦书，诚所谓"好学深思，心知其意"者也。杨守敬《水经注图》虽于今珠江入海口沿海岸西行直至越南中部皆绘郁水一道，究不如谢氏径以南海释之更为明当。明于此，则于《叶榆河注》"其水又东流注于浪郁"之"浪郁"乃得其正解。《叶榆河注》篇末言："南水又东与北水合，又东注郁，乱流而逝矣。平撮通称，同归于海，故《经》有入海之文。"此郁水亦必合前后注文读之，乃能不为悠谬之说所惑。世常有轻诋郦注与妄附郦注者，多浅见寡闻之人，不足道也。是此叶榆河"东径曲易县东注于浪郁"之曲易，宜当于富良江（即红河）入海近处求之，何得北置于广西省之思恩、庆远等地也！

由水地之事以考汉世郁林、牂柯之境土，今右江流域之全部及左江流域之绝大部并皆二郡所辖，事既明矣。交趾郡乃故安阳王国，是安阳王之北界盖亦如是，亦至明也。邓春榜、陶维英信陆应旸《广舆记》之误说，论交趾畛域北至广西之庆远、思恩,是固疏于水地之学者所宜然。然必推此悠谬之说,横谓"瓯骆国"之辖土"必定包括广西省南方一部地区",则已显非缀学之士所宜言者矣!

十　外越与澎湖、台湾

　　百越居地有所谓"外越"者。《越绝书·记吴地传》言："娄门外力士者,阖庐所造备外越。""娄北武城,阖庐所以候外越也。"同书《记地传》言："富阳里者,外越赐义也。"此数处所言之"外越",义颇不明。《记地传》又言:秦始皇"三十七年,东游之会稽。……徙大越民余杭、伊攻、□故鄣。因徙天下有罪谪吏民置海南故大越处,以备东海外越,乃更名大越曰山阴。"是所谓"外越"者,殆指东海外之越地(人)而言。上所言之娄县,略在今江苏省昆山县,山阴略在今浙江省绍兴县,皆临东海,其所备之"外越",显当在海上,与此言"东海外越"者合。《记地传》又言："无余初封大越,都秦余望(山)南,千有余岁而至勾践,勾践徙治山北,引属东海内外越,别封削焉。"是先秦越地本有大越、内越、外越之别也。大越之山阴之地,即《汉志》所谓"勾践本国"也。内越盖勾践所统大陆越地。《记吴地传》又言："秦始皇并楚,百越叛去,更名大越曰山阴也。"所谓"百越叛去",当为去内越而往东海外越,故秦始皇徙民于故大越处以备之也。则此"外越"究在何处,是当亟究者也。

《史记·东越列传》言:"东瓯、闽越皆勾践之裔。"《太平寰宇记》卷九〇引《越绝书》云:"东瓯,越王所立也,即周元王四年(公元前四七二年)越相范蠡所筑。"《路史·国名记丁》所载略同。周元王四年为勾践灭吴之年,范蠡于是年筑城,是勾践于灭吴前已立东瓯也。既立东瓯,宜当亦立闽越。东瓯都于东瓯,集解引徐广曰:"今之永宁也。"略当今浙江温州。闽越都东冶,《宋书·州郡志》以为建安,略当今福建福州。是勾践所统之南境当皆颇远,且濒临东海也。越人固优于水事者也,又处江南滨海之地,故夙与沿海岛屿交通。《东越列传》载:建元六年(公元前一三五年),闽越击南越,汉发兵讨闽越,闽越王弟"余善乃相与宗族谋曰:'王以擅发兵击南越,不请,故天子兵来诛。今汉兵众强,今即幸胜之,后来益多,终灭国而止。今杀王以谢天子,天子听,罢兵,固一国完。不听,乃力战,不胜,即亡入海。'皆曰善,即钑杀王"。此入海之谋虽不果行,然必能行则无疑也。夫举国而"亡入海",舍沿海岛屿将何往哉?《汉书·朱买臣传》载:汉武帝时,东越数反覆,买臣因言:"故东越王居保泉山,一人守险,千人不得上。今闻东越更徙处南行,去泉山五百里,居大泽中。今发兵浮海,直指泉山,陈舟列兵,席卷南行,可破灭也。"后虽不如买臣所计,然买臣之言,当非虚语。泉山在今福建泉州,南五百里之大泽,不可于不及五百里之漳州求之。且出师乃陈舟南行,则其地必在海上,即所谓"大泽"者也。《舆地纪胜》卷一三〇载:"自泉晋江东出海间,舟行三日抵澎湖屿,在巨浸中,环岛三十六。"此言"巨浸",彼言"大泽",名义皆同。澎湖列岛,海底本浅,海潮落时,岛屿多相连不分,名之"浸""泽",义亦至当。是东越灭亡之时,宜有遗民移居澎湖。则是勾践所引属之"东海外越",显当囊括澎湖诸岛也。

澎湖之地,密迩台湾。元、明以前,船舶之自大陆直航台湾者尚鲜,多经澎湖中转。《隋书·流求传》载:隋大业六年(公元六一〇年),陈棱经略流求(即今台湾),即经由澎湖。《新唐书·地理志》载当时航线:自泉州"正东海行二日至高华屿,又二日至黿鼊屿(皆澎湖列岛中之小岛),又二日至流求国"。是亦经由澎湖。《元史·琉求传》载:世祖至元廿八年(公元一二九一年),命杨祥去琉求,亦自澎湖而往。古越人既能至澎湖,则必能达于台湾。《太平御览》卷七八〇引《临海水土志》云:"夷州在临海东,去郡二千里,土地无霜雪,草木不死,四面是山,众夷所居。山顶有越王射的正白,乃是石也。此夷各号为王,分画土地人民,各自别异,人皆髡头穿耳。"《后汉书·东夷传》注引《临海水土志》略同。《寰宇记》卷九八载台州临海县:"夷州,四面是山,顶有越王钓石在焉。"嘉定《赤城志》卷三九引《临海记》云:"夷州在郡三十里(当为"去郡二千里"之讹),众夷所居。秦始皇遣徐福将童男女入海,止此洲,山顶有越王射的白石。"学者咸以夷州即台湾,其地亦略在临海东南二千里。或有以舟山群岛当夷州者,此说非是。舟山在临海北非东南也,且亦不及二千里。夷州山顶有越王遗迹:越王射的,越王钓石,正其地尝为越王统治之证。自东瓯、闽越破亡之后,越人不再有王,是此越王必西汉以上之越王也。《临海水土志》言:夷州"人皆髡头",是亦越人断发之俗。《志》又言:夷州"呼民人为弥麟","弥麟"宜即"闽"之缓读。《说文解字》:"闽,东南越,蛇种。"别篇已论"闽"为越之族称(见前《百越民族考》)。是夷州固宜亦为勾践引属东海外越之地也;是澎湖、台湾与大陆之关系,于文献之可考见者,可溯及勾践之世也。《越绝书》言"娄门外力士"与"娄北武城"皆"阖庐所造以备外越",则越人之居海外又不得晚于阖庐之时,甚且更早也。《山海经·海内南经》言:"瓯居海中,闽在海中。"郭璞注并谓"在岐海中"。《初学记》卷六引此《经》作"瓯、闽皆在岐海中"。或古本如此。"岐海"当指东南沿海之海湾、海峡、海岛;台湾宜即在其中。《海内经》四篇盖西周时作(详另文《略论〈山海经〉的写作时代及其产生地域》),是瓯、闽越人于西周之世已居海中也。《赵策二》《史记·赵世家》并言:"黑齿、雕题,鳀冠秫缝,大吴之国也。"诸书言黑齿、雕题之族多在西南,然此西南之族不得为"大吴之国"也。大吴所属应为东南之黑齿、雕题,此惟东海外有之,载于《淮南子·地形》《三国志·东夷·倭人传》及《后汉书·东夷列传》。近大陆处则惟台湾居民有黑齿、雕题之俗。是"大吴之国"中之黑齿、雕题,宜即古台湾居民也。

《汉书·地理志》言:"会稽海外有东鳀人,分为二十余国,以岁时来献见云。"汉平两越,不立闽中郡,并闽中之地于会稽。故此所谓"会稽海外",非仅山阴海外,盖并指会稽、闽中两郡之海外,即今浙闽之东南沿海也。亦即《三国志·东夷·倭人传》所谓"会稽,东冶之东"也。澎湖、台湾等地皆当在其中。《临海水土志》谓"此夷各号为王,分画土地人民,各自别异",当亦在此东鳀二十余国之中也。扬雄《解嘲》夸汉地之广大云:"东南一尉,西北一候。"汉世边郡之设都尉,多为控御少数民族。"西北一候"为控御西域三十六国,而"东南一尉"则显为控御此"东海内外越"之族也。《汉书·扬雄传》注引孟康释"东南一尉"为"会稽东部都尉"。《三国志·虞翻传》注引《会稽典录》载朱育言:"元鼎五年(应为元封元年,公元前一一〇年),除东越,因以其地为冶,并属于此(指会稽郡),而立东部都尉,后徙章安。"《续汉书·郡国志》言:"章安,故冶,闽越地,光武更名。"《汉志》会稽郡有冶县,又有"回浦,东部都尉"(原讹为"南部都尉",据《太平御览》卷一七一正)。《续汉志》有章安,又有"东部候官"

（原讹为"侯国"，详集解）。当是汉武帝先设东部都尉于冶，后分冶为回浦，都尉徙治回浦，于冶乃置候官，候官为东部都尉属，故称东部候官。光武时，回浦更名章安，故云"后徙章安"也。汉世会稽东部都尉、东部候官置徙因革之迹大略如此。学者或不明此因革变迁而说东部都尉、候官多异辞，不足怪也。《宋书·州郡志》言："建安太守，本闽越，秦立为闽中郡。汉武帝世，闽越反，灭之，徙其民于江淮间，虚其地。后有遁逃山谷者颇出，立为冶县，属会稽郡。司马彪云：'章安是故冶。'然则临海亦冶地也。张勃《吴录》云：'……后分冶地为会稽东、南二部都尉：东部，临海是也；南部，建安是也。'"临海在章安，建安在东候官（后误为"侯官"）。分东、南二部事，虽史乏明文，然献帝建安元年（公元一九六年）孙策据会稽时已有南部都尉（《三国志·贺齐传》），则二部之分疑始于汉末也。改东部都尉为临海郡，南部都尉为建安郡，为孙亮、孙休时事，具载《三国志》本传。《太平御览》卷一七一引《吴地记》云："东瓯乃举国徙中国，处之江、淮间，而后遗人往往渐出，乃以东瓯地为回浦县。"是冶与回浦两县之立，皆因遗人复出。当初立时，人民不多，故皆仅置一县，后户口日增，又皆各分为数县。汉武帝所以远于冶县置都尉，而又谓之东部都尉者，当以东有东鳀二十余国之故。冶在今福州市，其东为台湾，是东鳀当即台湾，非仅"鳀""台"音近，其地理位置亦合也。后都尉徙治章安

（回浦），于是司东鳀事者在章安，后于章安立临海郡，于是司东鳀事者为临海。《临海水土志》本为临海地方书志，何为详记东南二千里外之夷州事？当以此夷州事领于临海，且又"岁时来献见"之故耳。《临海水土志》,《隋书·经籍志》作《临海水土物志》,《唐书·经籍志》《新唐书·艺文志》并作《临海水土异物志》,皆题沈莹撰。姚振宗《隋书经籍志考证》以此沈莹即吴丹阳太守沈莹。书久佚，诸书所引或作《临海水土志》《临海水土记》《临海异物志》《临海水土物志》《临海水物志》《临海风土记》《临海记》,章宗源《隋书经籍志考证》以为并是一书。案《太平御览》卷九四六引沈莹《临海异物志》曰："晋安东南吴屿山。"同书卷九七四又引《临海异物志》曰："杨桃子生晋安候官（原讹作"侯官",下同）县。""多南子如指大……晋安候官界中有。"据《晋书·地理志》《宋书·州郡志》,晋安郡系晋武帝太康三年（公元二八二年）分建安置，而吴丹阳太守沈莹死于太康元年晋平吴之役，明载于《三国志·孙皓传》《晋书·武帝纪》,此沈莹何能著书记太康三年以后事？洪颐煊《经典集林》所辑《临海记》,更言及永和三年（公元三四七年）事，孙恩起兵事，元嘉（公元四二四—四五三年）中居人祀山神事，甚且径书"孙皓时奚熙受刑于此"，则作者之不得为吴时人，事至明也。世人多从姚氏之说，兹略辨析于此。

《后汉书·郑弘传》言："建初八年（公元八三年），

(弘)代郑众为大司农。旧交趾七郡贡献转运,皆从东冶泛海而至,风波艰阻,沉溺相系,弘奏开零陵、桂阳峤道,于是夷通。至今遂为常路。在职二年,所息省三亿万计。"考零陵、桂阳一道,为秦时史禄所开,汉武帝平南越,"使戈船下厉将军出零陵,或下漓水,或抵苍梧",即由此道。所谓"交趾七郡",郁林、苍梧并在其列。此二郡竟亦舍陆路而迂道浮海,必海上转运远较陆路为便也。是知汉世海上交通当较发达,而东冶则当时海上交通之一枢纽也。是东冶非仅东通东鳀、夷州,亦且西连南海、合浦、日南也。是"东南一尉"地当海道要冲,事至明也。自宋以后,泉州为市舶重地,亦以并绾西道、南道之故。菲律宾等地于近世犹常经台湾、澎湖而来泉州,然则汉世东冶南去之远或亦不止于澎湖、台湾耶!

世之论台湾与大陆关系者,多以《三国志·孙权传》所载黄龙二年(公元二三〇年)遣将军卫温、诸葛直至夷州,为见于文献之最早记录。苟如上论,果台湾、澎湖为东海外越之属,则其记录早见于《越绝书》;台湾、澎湖早在春秋末世或已为大陆建国之吴、越所统属,而为越王巡游所至之地矣。

十一　吴、越之舟师与水战

　　吴居苏南,越处浙北,并在长江三角洲,向为河道纵横、湖泽众多之水乡泽国。故范蠡谓勾践曰:"与我争三江五湖之利者非吴耶!"子胥亦谓夫差曰:"吴之与越,仇雠敌战之国也。三江环之,民无所移,有吴则无越,有越则无吴矣。……员闻之,陆人居陆,水人居水,夫上党之国,我攻而胜之,吾不能居其地,不能乘其车;夫越国,吾攻而胜之,吾能居其地,吾能乘其舟。"(皆见《越语》)吴、越之地理形势,二人言之最明。正以其地多水泽,故其人多习于舟楫。《淮南子·齐俗》言:"胡人便于马,越人便于舟。"《越绝书·记地传》亦言:"夫越性脆而愚,水行而山处,以船为车,以楫为马,往若飘风,去则难从。"《竹书纪年》言:襄王七年(公元前三一二年),"越王使公师隅来献乘舟始罔及舟三百,箭五百万。"吴越舟楫之多,于此不难概见。国既水乡,舟楫又众,故其军队亦多舟师。《吴越春秋·勾践伐吴外传》言:越有"楼船之卒三千人,造鼎足之羡"。《史记·越世家》又言:勾践有"习流二千"。徐天祐曰:"所谓'习流',是即习水战之兵。"(《勾践伐吴外传》注引)越有舟师,吴国亦然。《左传》哀公十年(公元前四八五年)载:"齐人弒悼公,赴于师。吴子三日哭于军门之外。徐承帅舟师将自海入齐,齐人败之,吴师乃还。"自吴循海道入齐,则必绕山东半岛之成山角,海行数千里,以伐大国,军辎之众,不难逆知。正以吴多舟师,故吴王夫差争霸中原,须开运河以行其师。《左传》哀公九年载:吴"城邗,沟通江淮"。杜预注曰:"于邗江筑城穿沟,东北通射阳湖,西北至末口入淮,通粮道也。"后此,又"阙为深沟,通于商鲁之间,北属之沂,西属之济"(《国语·吴语》)。于是始与晋争盟于黄池。方吴、晋之相争于黄池也,"越王勾践乃命范蠡、舌庸率师沿海溯淮,以绝吴路,败王子友于姑熊夷。越王勾践乃率中军溯江以袭吴,入其郛,焚其姑苏,徙其大舟"(《吴语》)。越王能海江并举以攻吴,则其舟师之众或较吴尤盛也。《越世家》言:范蠡辅勾践灭吴称霸后,"以为大名之下,难以久居。……乃装其轻宝珠玉,自与其私徒属乘舟浮海以行,终不反。范蠡浮海出齐,变姓名,自谓鸱夷子皮,耕于海畔。"是不仅吴越之官府能浮海远行,而大夫之家亦能作浮海出齐之远航也。《尚书·禹贡》于扬州言:"沿于江、海,达于淮、泗。"是扬州之有海上交通,由来尚矣。

越于灭吴之后,"欲霸中国,徙都琅琊"(《水经·潍水注》)。《越绝书·记地传》言:"勾践伐吴,霸关东,从琅琊起观台……以望东海,死士八千人,戈船三百艘。"则勾践之徙都琅琊以图霸中原,当亦倚其海上舟师之盛也。是越人之都会稽、都琅琊、都东冶、都东瓯,皆为滨海便航之地,显非偶然。《记地传》又言:"秦始皇三十七年,东游之会稽。……因徙天下有罪谪吏民置海南故大越处,以备东海外越。"《史记·秦始皇本纪》言:"二十八年,徙黔首三万户于琅琊台下。"此当亦为备东海外越也。秦灭六国,皆未见徙民于六国都城之事,而独于越之南北二都皆徙民镇之,岂皆以东海外越尚未臣服,不得不增强备御耶!其情犹唐太宗与元世祖,铁骑虽能驰骋于大陆,而舟师则不能得志于海上。秦始皇虽于二十五年(公元前二二二年)已灭大越、置会稽郡,然终秦之世,其兵威终未能南及闽中及东海外越也。盖用兵闽中、外越,皆必倚舟师,而此则秦人之所短也。

吴、越既重舟师,故于船军之制著有专论。自《越绝书·德序外传》考之,知《越绝书》本有《兵法》一篇,惟此篇宋后已佚,《初学记》《北堂书钞》《文选注》《太平御览》《事类赋》诸书皆有征引,其船军之制尚可窥见一斑。清钱培名尝辑其佚文,惟佚文中之数字颇多讹误,极为紊乱。今更从《容斋四笔》所引加以校订,尚秩然可观。清世学者,往往以汉学相标榜,不喜读宋人书,而有裨考证之资料常失之眉睫,余前补辑《蜀王本纪》《华阳国志》佚文,见清人类此者实多,今于《越绝书·兵法篇》又见之。门户之见,贻误学人之深可慨叹也。此《兵法》佚文,《文选·侍游曲阿后湖诗》注称《伍子胥水战兵法内经》,是《兵法》所述当为吴制。而《初学记》卷二五则引为"越为大翼、中翼、小翼,为船军战",《事类赋注》亦引为"越为大翼、中翼、小翼之船以水战"。是两引皆以为越制,当皆有所本。岂此船军之制乃吴所首创而越人承之,为吴、越所共者耶?《兵法》言船军分为数种:

> 阖闾见子胥,敢问船军之备何如?对曰:"船名大翼、小翼、突冒、楼船、桥船。令船军之教比陵军(陆军)之法,乃可用之。大翼者当陵军之重车,小翼者当陵军之轻车,突冒者当陵军之冲车,楼船者当陵军之楼车,桥船者当陵军之轻足骠骑也。"(《太平御览》卷七七〇引。"桥船",《北堂书钞》卷一三八引作"篙船"。)

是船军种类之分略如陆军,亦颇细也。佚文又记船舶之制:

> 大翼一艘广一丈六尺,长十二丈(原作"广一丈五尺二寸,长十丈",据《御览》卷三一五校正)。中翼一艘广一丈三尺五寸,长九丈六尺(原作"五丈六

尺",据《文选·七命》注校正）。小翼一艘广一丈二尺，长五丈六尺（原作"九丈"，《七命》注同，据《容斋四笔》校正）。（《文选·侍游曲阿后湖诗》注引）

所言船舶规模之大，为秦、汉时所未见。《兵法》于每船之装备亦有定制：

> 大翼一艘广丈六尺，长十二丈，容战士二十六人，棹五十人，舳舻三人，操长钩矛斧者四，吏仆射长各一人，凡九十一人。当用长钩矛、长斧各四，弩各三十二，矢三千三百，甲、兜鍪各三十二。（《太平御览》卷三一五引）

俨然有如周世兵车之制：兵车一乘，甲士、卒徒、兵仗皆各有定数。此外，《兵法》尚有"疑船"之制，以为主帅之掩护：

> 吴王阖闾问伍子胥军法。子胥曰："王身将，即疑船，旌麾兵戟与王船等者七艘。将军疑船，兵戟与将军船等（者）三船。皆居于大阵之左右。有敌，即出就阵。吏卒皆衔枚，敖歌击鼓者斩。"（《太平御览》卷三五七引）

吴、越舟师之制，就其佚文考之，已见其周备如此，而后乃知吴、越之能北上争霸中原，能统有黑齿、雕题之国，能引属东海内、外越，信非偶然。

吴、越既共处三江五湖之地，舟师又皆强盛，故吴、越间之争战多在水上，其关系重大之决战亦并皆在水上。吴夫差十四年（公元前四八二年）勾践入吴之役，吴夫差十八年吴、越笠泽之役，《吴语》皆有记载，其为水战，事皆至明，无庸赘论。他如夫椒之战、檇李（或作"就李"）之战、干遂之战，实亦并为水战，唯记载皆昧而不明，兹考之如下。

（一）夫椒之战　《左传》哀公元年（公元前四九四年）载："吴王夫差败越于夫椒……遂入越。越子以甲楯五千保于会稽。"杜预注曰："夫椒，吴郡吴县西南太湖中椒山。"《史记·吴世家》集解引贾逵曰："夫椒，越地。"《吴世家》索隐云："杜预以为太湖中椒山，非战所，夫椒与椒山不得为一。且夫差以报越为志，又伐越，当至越地，何乃不离吴境，近在太湖中。"《史记·越世家》索隐亦云："《国语》云'败之五湖'，则杜预云在椒山为非。"此并疑夫椒在太湖之说，实皆缘忽于《越世家》所记发兵先后而然。《越世家》载："勾践闻吴王夫差日夜勒兵，且以报越，越欲先吴未发往伐之。范蠡谏曰：'不可。……'越王曰：'吾已决之矣。'遂兴师。吴王闻之，悉发精兵击越，败之夫椒。"此显为越人先发兵，自当为越入吴境而吴人应战，其事宜得在太湖中。《国语·越语》下云："勾践欲伐吴，范蠡进谏曰：……王曰：'吾已断之矣。'果兴兵而伐吴，战于五湖（韦昭注："五湖，今太湖"），不胜，栖于会稽。"明《越世家》乃取《越语》之文。正为越人先发、战于太湖也。杜预谓夫椒为太湖中椒山，与《越语》说合。索隐以为"太湖中椒山非战所"，是不知夫椒一战为水战，战斗之所乃夫椒山麓之湖上，而非夫椒之山上也。贾逵虽尝注《国语》，然忽于越人先发之实，于注《左传》时因疑夫椒为越地，是贾逵之说实不如杜预之的当也。《左传》谓"吴王夫差败越于夫椒，报檇李也"，一似吴为先发，是又《左传》叙事之不如《史记》之的当也。故必取《越语》以补《左传》之不足，然后乃能明夫椒之役为越先发，而后乃明《越语》"战于五湖"之说断无可疑也。

（二）就李之战　《越绝书·纪策考》云："昔者吴王夫差兴师伐越，败兵就李。大风狂发，日夜不止。车败马失，骑士堕死，大船陵居，小船没水。……夫差恐越军入，惊骇。子胥曰：'王其勉之哉，越师败矣。……'"杜预注《左传》云："檇李（即就李），在嘉兴县。"《越绝书·记地传》云："马嗥者，吴伐越，道逢大风，车败兵失，骑士堕死，疋马啼嗥，事见吴史。"此与《纪策考》所叙颇同，当为一事。《水经·沔水注》云："谷水之右有马皋城。"《舆地纪胜》卷三云："马皋城在海盐东南三百步。"嘉兴、海盐皆古南江通太湖水道，南江亦即浙江（非今浙江，今浙江古为浙江）。故《记地传》又言："勾践与吴战于浙江之上，石买为将。……越师溃坠。……越师请降，子胥不听，越栖于会稽之山。"是夫差伐越之就李之战，乃夫椒战后之乘胜追击，故皆云"越栖于会稽"也。是此战役非一朝可决，亦非一战可决，盖自夫椒至就李，至浙江，转战数地，亦迭有胜负。所云"事见吴史"，未知果出何书？要为有据，非虚语也。惟"车败马失，骑士堕死"之语，疑为浮辞，未可信据。且夫椒之战，《春秋经》所未载；《左传》以"吴入越，不书，吴不告庆，越不告败也"为说，而《吴语》亦但言"吴王夫差起师伐越，越王勾践起师逆之。大夫种乃献谋曰：'……王不如设戎约、辞行成以喜其民，以广侈吴王之心。……'越王许诺，乃命诸稽郢行成于吴。……申胥谏曰……吴王曰：'大夫奚隆于越，越曾足以为大虞乎？……'乃许之成。"一似吴、越未尝交兵而越即降，既无夫椒之战，亦无会稽之耻。此诚奇说也。与《越语》《左传》皆不合，然与《春秋经》则暗合，且《公羊传》《穀梁传》亦并不载此战。苟如《左传》不告故不书之说，则定公五年（公元前五〇五年）书"于越入吴"，定公十四年书"于越败吴檇李"，哀公十三年（公元前四八二年）书"于越入吴"，是此数事吴、越皆尝告庆、告败也。然夫椒之战，栖越会稽，越遂降吴，为吴、越间大事，而吴、越何以竟皆不告？此《左传》之说有难通者也。岂以此役于中原影响不大遂略而不书耶！

《吴越春秋·夫差内传》云："二十年(公元前四七六年),越王兴师伐吴,吴与越战于檇李,吴师大败。……请成(疑当为"战"之讹),七反,越王不听。二十三年十月,越王复伐吴。……遂屠吴。"此檇李之战为勾践伐吴,与上述者非一事。《越语》下载此事言:越王"遂兴师伐吴,至于五湖。吴人闻之,出而挑战,一日五反。……(越)弗与战。居军三年,吴师自溃,吴王率其贤良与其重禄以上姑苏。……遂灭吴。"以居军三年计之,《越语》所云"伐吴至于五湖",即《吴越春秋》所谓"战于檇李"也。《越绝书·请籴内传》云:"越兴师伐吴,至五湖。……谢(疑为"请"之讹)战者五父(当为"反"之讹)。……居军三月,吴自罢。……吴王率其有禄与贤良遁而去,越追之至余杭山,禽夫差。"此文与《越语》大同。夫椒一战在五湖,《越绝书》记为就李,此一战亦在五湖,《吴越春秋》亦记为檇李。吴、越决战本皆在太湖,越不胜即栖会稽,吴不胜则上姑苏。然两书于先后两次太湖之战皆记为檇李,亦自有因。《越绝书·记地传》云:"语儿乡,故越界,名曰就李。"吴、越国界既在于此,知吴之攻越、越之攻吴,战事触发皆在于此,而决定胜负则仍在太湖。《吴世家》言:夫差"二十年,越王勾践复伐吴。……二十三年丁卯,越败吴。……越王灭吴"。《越世家》云:"越复伐吴,吴士民罢弊,轻锐尽死齐、晋,而越大破吴,因而留围之。三年,吴师败,越遂复栖吴王于姑苏之山。"《史记》于此二篇但

谓"伐吴""破吴",而皆未言其战地,岂以或说五湖,或说
檇李,有所疑而未敢决耶? 是太史公于此吴、越战地形势
亦有昧而弗明者也。

(三)干遂(或作"干隧""干队")之战 《吕氏春秋·
适威》载李克云:"此夫差所以自殁于干隧。"《战国策·
魏策一》载苏秦云:"越王勾践以散卒三千禽夫差于干
遂。"《秦策五》亦云:"夫差栖越于会稽……为勾践禽,死
于干隧。"夫差死于干遂之说,《战国策》数载其事,此不具
录。《淮南子·道应》云:"越王勾践……为吴王(原作
"兵",据王念孙说校改)先马走,果擒之于干遂。"《兵略》
亦云:"吴王夫差……大臣怨怼,百姓不附,越王选卒三千
人,擒之干隧。"战国而后,夫差死于干遂之说至为流行。
然《左传》《国语》《史记》《越绝书》《吴越春秋》诸书记
吴、越事并无此说。且干遂究在何处,汉、晋、唐人亦多异
辞。《淮南子·道应》云:"荆有佽非,得宝剑于干队。"
《吕氏春秋·知分》同,惟"干队"作"干遂",诸书亦有作
"干隧"者。许慎注《道应》云:"干,国。在今临淮,出宝
剑。"是干遂当为干越之地(详前《越人迁徙考》)。谓吴
王夫差死于临淮,说实难通。然此一战国时流行之说亦
非无根之谈。《秦策四》载黄歇说秦昭王曰:"吴见伐齐之
便,而不知干隧之败也。"又言:"吴之信越也,从而伐齐,
既胜齐人于艾陵,还为越王禽于三江之浦。"黄歇于一篇
之中前说败于干遂,后说禽于三江之浦,分别言之,显当

为先后两事。是吴原有败于干遂一战，第夫差未在此被擒而已。惟《左传》诸书并不载干遂之战，是为足奇。案《吴语》云："吴王夫差……会晋公午于黄池。于是越王勾践乃命范蠡、舌庸率师沿海溯淮，以绝吴路。"韦昭注曰："沿，顺也；逆流而上曰溯。循海而逆入于淮，以绝吴王之归路。"《吴越春秋·夫差内传》略同《吴语》。干遂为干越地，汉属临淮郡，地跨淮水南北。越师沿海溯淮，正当临淮境内。夫差归自黄池，路出淮、济，必与率师断其归路之范蠡、舌庸相遇，势必一战，此即黄歇所谓干遂之败也。当是时也，夫差甫败齐于艾陵，服晋于黄池，其势方张，而于干遂一战遽为越人所败，此宜为中夏诸国最为震骇之事。且此战之后，夫差遂以不振：干遂之败在鲁哀公十三年（公元前四八二年），哀公之十七年越败吴于笠泽；哀公二十年，越围吴；哀公二十二年越灭吴。前后不过十年，而夫差遂擒于勾践。北人不谙吴、越争战始末，久而遂讹为夫差被擒于最为北人震骇之干遂一役矣。李克、苏秦皆北人，习闻擒于干遂之说，故其言云然。黄歇乃南人，于吴、越事知之稍悉，故能就干遂之败与擒于三江之浦分别言之。《淮南子》成书于南方，故于《道应》《兵略》既言擒夫差于干遂，又于《齐俗》言"胜夫差于五湖"，于《人间》言"擒夫差于姑胥（即姑苏）"。吴、越载籍惟重越人入姑苏及获太子友事，而忽于干遂之役，《吴语》即其显证。《春秋经》仅记"于越入吴"四字，《左传》亦惟载入吴事,且至简略。而干遂一战遂不为后世所悉,赖有春申君一文足资考论。越人是役乃"沿海溯淮",显为舟师水战,以史文失载,遂挚人疑耳。幸许慎知干在临淮,可资考论干遂所在,既足以补史籍之缺,并可谠正战国而还北方传闻之讹。自高诱以下皆不明干遂所在。《史记·苏秦列传》索隐谓:"干遂,地名,不知所在。"尚严谨不失学人态度。张守节《正义》于苏秦、春申君两列传并妄称:"干遂在苏州吴县西北四十余里万安山。"实因夫差被擒在姑苏,遂谓干遂亦在姑苏,且又言之凿凿,真所谓强作解人者也。旧日注家类此者不一,造为谬说,只贻误后人而已。

《越世家》载越灭吴事,有"围之三年"一说。此至可疑。其文曰:"其(指黄池之会)后四年,越复伐吴。吴士民罢弊,轻锐尽死于齐、晋,越大破吴,因而留围之。三年,吴师败,越遂复栖吴王于姑苏之山。……(吴王)遂自杀。"《左传》《吴世家》所载皆简。《左传》略谓:哀公十三年,吴、晋会于黄池。于越入吴,冬,吴及越平。十七年,越伐吴,吴子御之笠泽。二十年十一月,越围吴。二十二年十一月,越灭吴。《吴世家》略言:夫差二十一年,越遂围吴。二十三年十一月,越败吴,越王灭吴。两书但言"围吴",不言"围之三年"。《吴语》载吴灭事差详。其言曰:"吴王夫差还自黄池,息民不戒。越大夫种乃唱谋曰:'……今吴氏既罢而大荒荐饥,市无赤米,而囷鹿空虚,其民必移就蒲嬴于东海之滨。……王若今起师以会,夺之利无使夫悛。夫吴之边鄙远者罢而未至,吴王将耻不战,必不须至之会也,而以中国之师与我战。若事幸而从我,我遂践其地,其至者亦将不能之会也已。吾用御儿临之。吴王若惕而又战,奔遂可出。若不战而结成,王安厚取名而去之。'越王曰:'善。'乃大戒师将伐吴。……于是吴王起师军于江北,越王军于江南。越王乃中分其师以为左右军,以其私卒六千人为中军。……以袭攻之,吴师大北。越之左军、右军乃遂涉而从之,又大败之于没,又郊败之,三战三北,乃至于吴。越师遂入吴国,围王台。……(吴王)遂自杀,越灭吴。"自《吴语》观之,是越乃乘吴之饥馑,掩其不备而袭击之,因以灭吴,何必俟围之三年而后灭之? 且亦无"围之三年"之文。惟《越语》下之说则有异。其言曰:"至于玄月,(越)王召范蠡而问焉。……王曰:'诺。'遂兴师伐吴,至于五湖。吴人闻之,出而挑战,一日五反,王弗忍,欲许之。范蠡进谏曰:'夫谋之廊庙,失之中原,其可乎? ……王姑待之。'王曰:'诺。'弗与战。居军三年,吴师自溃。吴王帅其贤良与其重禄以上姑苏。……遂灭吴。"此言"居军三年",与《越世家》"围之三年"略同。

《越绝书·请籴内传》云:"居三年,越兴师伐吴,至五湖。太宰嚭率徒谓之(此处疑有讹误),曰请(原讹作"谢")战者五反(原讹作"父"),越王不忍而欲许之。范蠡曰：'君王图之廊庙，失之中野，可乎？……'王曰：'诺。'居军三月，吴自罢。太宰嚭遂亡。吴王率其有禄与贤良遁而去。越追之，至余杭山，杀太宰嚭。"以此文与上揭《越语》相校，知即取自《越语》。此文先言"居三年，越兴师伐吴"，后言"居军三月，吴自罢"，显为两事。宜今本《越语》"居军三年"应为"居军三月"之误。越之伐吴，于数度胜利之后，此一战役用兵三数月而灭吴，颇近情实。若谓吴于"士卒罢弊""大荒荐饥"之后，犹能于围城中坚守三年而后溃，是达于事理之说乎？且围之三年，待其自溃，亦与文种所谋突然袭击、攻其不备之议不合。《吴越春秋·夫差内传》云：夫差"二十年（公元前四七六年），越王兴师伐吴，吴与越战于檇李，吴师大败。……二十三年，越王复伐吴。……遂屠吴。"《吴越春秋》分"二十年越伐吴"与"二十三年越灭吴"为先后两次战役，事至明，理亦至合。太史公作《越世家》合此两役为一事，书为"因而留围之。三年，吴师败"，显误。今本《越语》"居军三年，吴师自溃"，疑为后人据《史记》之文改"三月"为"三年"，当为校者之妄。袁康、吴平于东汉初据《越语》作《越绝书》时，其所见《越语》本作"三月"而非"三年"，当可据也。

十二　《史记·越世家》补正

　　《史记·越世家》载越事至简略,且有讹误。偶见诸书有足补正之者辄抄存之,前撰考论诸篇,多所取材。诸文既竟,尚余若干条,形同鸡肋;因择其要者,以事相类,略加考订,虽非大有裨益,要皆可为《世家》之诤臣,因缀附编末,幸治越史者有所采择焉。其见于《越绝书》《吴越春秋》者,以其自为专书,事非得已不予引证。

　　(一)越都琅琊　勾践徙都琅琊,为越史之大事,《越绝书》之《记吴地传》《记地传》、《吴越春秋·勾践灭吴外传》、《水经·潍水注》皆明载其事。然为《越世家》所不载,清人顾栋高以下多疑之。或以琅琊僻处东海一隅,不足以当大国之都。然越人"以舟为车,以楫为马",历皆从事水上活动;且吴、越所统族类,并亦及于海外(见前《外越与澎湖、台湾》《吴越之舟师与水战》),以全越之地观之,琅琊固非一隅也。且琅琊为联系山东半岛与三江五湖之重要港口,故"勾践并吴,欲霸中原",遂"徙都琅琊"

也(《潍水注》)。又自诸书所载勾践及其以后越事论之，亦必都于琅玡，于理乃合。《墨子·非攻中》言："东方有莒之国，不敬事于大，东者越人夹削其壤地，西者齐人兼而有之。"莒，小国，在今山东莒县。越与莒为邻，则越亦必居于山东，是当都于琅玡也。《左传》哀公二十七年(公元前四六八年)云："公欲以越伐鲁而去三桓。八月，乃遂如越。"《史记·鲁世家》云："公欲以越伐三桓。八月，哀公如陉氏。三桓攻公，公奔于卫，去如邹，遂如越。国人迎哀公复归，卒于有山氏。"哀公仅二十七年，则哀公于二十七年八月以后，辗转于陉氏、卫、邹、越之间，复归于国而后卒，前后不过四五阅月。《左传》哀公七年载邾子益曰："吴二千里，不三月不至。何及于我。"邾、吴之间较鲁、越为犹近，已是"不三月不至"，而哀公之辗转如越，又自越返鲁，前后不过四五月，亦证哀公之所往者是琅玡之越而非会稽之越也。《孟子·离娄》言越尝伐鲁，《世本》《说苑·立节》皆言越尝侵齐(后详)。《越世家》索隐引《竹书纪年》言：朱句三十四年(公元前四一五年)灭滕，三十五年灭郯。《战国策·魏策四》云："缯恃齐以悍(捍)越，齐和子之乱而越人亡缯。"皆明越人之活动多在北方。惟徙都琅玡始克灭滕、灭郯、亡缯、削莒，于是大显于中原，而与齐、楚、晋相提并论。《墨子·节葬下》言："南有楚越之王，北有齐晋之君，以攻伐并兼为政于天下。"《非攻下》言："今天下好战之国，齐、晋、楚、越。……以并国之故,四分天下而有之。"《非攻中》亦言:此四国者,"以攻战之故,土地之博至数千里,人徒之众至有数百万。"近人考墨子之死略当越王翳十年(公元前四〇二年)前后。王翳三十三年迁于吴。是墨子生当越人全盛之时,所言越事,多所亲见,当可信据。战国时列国本多徙都之举,徙都之后犹保持其旧都,而同时并有二都;犹周之既有丰镐,又有成周也。全越之时,或亦并有琅琊、会稽二都也。

(二)吴、越始封质疑 吴阖闾、越勾践,《荀子·王霸》并列为五霸之二。然其突然兴起于春秋之末,忽焉微弱于战国之初,语言、风俗皆与华夏不同,实当时后进民族之建国也。其情状与蒙古之勃兴而骤亡颇相似。春秋后期各国皆未有以大量土地分封子弟者,而勾践灭吴之后则大封诸侯,有所谓瓯王、摇王、干王、荆王、糜王、宋王,乃至上舍君、周宋君等,俱见于《越绝书》,亦略如后世蒙古之大建汗国也。《群书治要》引《尸子》言:"夫吴越之国,以臣妾为殉,中国闻而非之。"其社会发展较后进,事至显然。然《史记》说吴为太伯之国,谓越为少康庶子之封,似皆华夏之裔,未必然也。此与魏、晋、隋、唐间少数民族之首领,多自谓黄帝、高辛之裔者同,不足信也。《墨子·非攻下》言:"越王繄亏,出自有遽,始邦于越。"说与《史记》不同。《史记》以越为姒姓,《世本》又以越为芈姓,皆不足据。《史记·东越列传》明言越为驺姓,且有将军驺力。"驺",古侯韵;"遽",古鱼韵;鱼、侯两部古音近相通。以《墨子》为证,驺姓之说当较可信。徐广说"驺一作骆"者,传写之误也。《吴越春秋·无余外传》言:"少康……封其庶子于越,号曰无余。……无余传世十余,末君微劣,不能自立,转从众庶为编户之民,禹祀断绝。十有余岁,有人生而言语。其语曰鸟禽呼咽喋咽喋,指天向禹墓曰:'我是无余君之苗末,我方修前君祭祀,复我禹墓之祀,为民请福于天,以通鬼神之道。'众民悦喜,皆助奉禹祭,四时致贡,因共封立以承越君之后。……自后稍有君臣之义,号曰无壬,壬生无瞫。……无瞫卒,或为夫谭,夫谭生元常。""元常"即"允常",勾践父也。少康封庶子无余以奉禹祀之说,本即可疑;由《无余外传》观之,无壬为无余君"苗末"之说更觉可疑。此显为后进民族酋豪之惯技,越为禹后之说实未可据也。

吴是否为太伯之后,亦至可疑。《吴越春秋·吴太伯传》言:太伯、仲雍"二人托名采药于衡山,遂之荆蛮。"《史记·吴太伯世家》亦言:"太伯之奔荆蛮,自号句吴。荆蛮义之,从而归之千余家,立为吴太伯。"吴居扬州,楚居荆州,此人所共知。太伯采药之衡山当可称荆,句吴何以称荆,则所未解。《世本》言:"孰哉居藩篱,孰姑徙句吴。"宋衷注:"孰哉,仲雍字;藩篱,今之余暨也。孰姑,寿梦也。"汉之余暨,后之萧山也。越人之地,"西至于姑蔑,北至于御儿",则萧山全在越人境内。孰姑始徙句吴,岂不孰姑（寿梦）以前，吴、越原本混居一地？此至可疑者也。

案《穆天子传》卷二言："天子西征，甲戌，至于赤乌，赤乌之人其献酒千斛于天子。……天子使祭公受之，曰：'赤乌氏先出自宗周，大王亶父之始作西土，封其元子吴太伯于东吴。'"是赤乌即吴，吴太伯封国也。《汉书·地理志》有吴山，在右扶风汧县西；有荆山，在左冯翊怀德县南。雍州自有荆山、吴山，应即太伯所奔及建国处。《尔雅》之"河西岳"即吴岳，即岍山。《禹贡》"导岍及岐至于荆山"，此皆相沿已旧之地名，并在今陕西境，《穆天子传》以赤乌氏为太伯之后，于史于地皆合。赤乌之与句吴，一在西北，一在东南，皆谓太伯之国，显相矛盾。鄙意颇以赤乌之说较近于理。太伯所奔之荆蛮，亦可以雍州之荆山释之。《世本》"孰哉居藩篱"之说，不见于《吴世家》。孰哉即仲雍，亦后人牵合《史记》《世本》两家之说，未必可信。《世本》以越为芈姓，更显与《越世家》少康庶子封越之说不合。是《史记》虽云据《世本》而作，而吴、越两《世家》则显与《世本》不同。太史公言："余读《春秋古文》，乃知中国之虞与荆蛮句吴兄弟也。"（《吴太伯世家》）《春秋古文》即《左传》。是句吴为太伯、仲雍后裔之说，不过《左传》一家之言而已。此与匈奴出自"夏后氏之苗裔曰淳雍"之说，骊戎、大戎皆姬姓之说相同，是皆无根之谈，不足信也。《越世家》言："夏后帝少康之庶子封于会稽，以奉守禹祀，后二十余世至允常。"据夏、殷、周本纪，三代至春秋计五十余代，而越之世系经夏、殷至春秋末止二十余代，其误固不待细论矣。

（三）范蠡非鸱夷子皮 《越世家》自勾践以下仅略序越王世系，惟记楚威王杀无彊事，后即专记范蠡事，且讹误甚多。贾谊《新书·耳痹》言："范蠡负石而蹈五湖，大夫种絷领谢室，渠如处车裂回泉，自此之后，勾践不乐，忧悲荐至，内崩而死。"与《越世家》所记范蠡事绝不同。《吕氏春秋·悔过》谓："箕子穷于商，范蠡流乎江。"《离谓》又言："周公、召公以此疑，范蠡、子胥以此流。"皆与贾谊言合。《越世家》之说源出《越语下》，虽亦有所本，然《吕氏春秋》之说似较近理。至《越世家》所说范蠡浮海出齐，"变姓名，自谓鸱夷子皮"，又言"间行以去，止于陶，自谓陶朱公"，全皆妄诞，小说家言也。《韩非子·说林上》载："鸱夷子皮事田成子，田成子去齐，走而之燕，鸱夷子皮负传以行。"《说苑·指武》亦言："田成子常与宰我争，宰我（即阚止子我）夜伏卒，将以攻田成子，令于卒中曰：'不见旌旗毋起。'鸱夷子皮闻之，告田成子。……"同书《臣术》亦载田成子与鸱夷子皮问对之辞。田常、宰我之争，即弑齐简公事，载《左传》哀公十四年（公元前四八一年），时鸱夷子皮已仕于齐。越灭吴在哀公二十二年，吴灭后范蠡始去越之齐，而鸱夷子皮则前此八年已仕于齐，是鸱夷子皮与范蠡显为二人也。《淮南子·氾论》言：

"齐简公释其国家之柄而专任大臣，故使陈成田常、鸱夷子皮得成其难。"亦指弑齐简公事。《墨子·非儒下》言："孔丘之齐，见景公，景公悦，欲封之以尼溪，晏子不可。……孔丘乃志怒于景公与晏子，乃树鸱夷子皮于田常之门，告南郭惠子以所欲为。"考之《孔子世家》，孔子适齐在鲁昭公二十五年（公元前五一七年），更远在吴灭前四十四年，鸱夷子皮已为田常家臣矣。此或《孔子世家》有误。然齐景公卒于哀公五年（公元前四九〇年），亦前于吴灭约二十年，范蠡何得为鸱夷子皮耶！史公好奇，其谬乃如此。至于"自谓陶朱公"之说，更荒诞无庸置辩。

（四）越人伐鲁　《孟子·离娄》言："曾子居武城，有越寇。或曰：'寇至，盍去诸。'曰：'无寓人于我室，毁伤其薪木。'寇退，则曰：'修我墙屋，我将反。'曾子反，左右曰：'待先生如此其忠且敬也，寇至则先去以为民望，寇退则反，殆于不可。'"越人攻鲁事，未尝见于他书。《仲尼弟子列传》载，曾子少孔子四十六岁，是勾践卒、鹿郢立时曾子年仅四十。鹿郢在位六年，次不寿继立，亦仅十年，是不寿见杀时曾子年五十六。孟子言曾子居武城有越寇时为"师也，父兄也"，则其时曾子年事已高，是越伐鲁略当鹿郢、不寿之时（公元前四六四—前四四九年）。考《说苑·尊贤》载："鲁人攻鄪，曾子辞于鄪君曰：'请出，寇罢而后复来。请姑毋使狗豕入吾舍。'鄪君曰：'寡人之于先生也，人无不闻。今鲁人攻我而先生去我，我胡守先生舍.'"此两记载大略相同,疑即一事。鄪为季氏邑,鄪君当即季氏,鲁自哀公时尝欲以越伐三桓,此所谓"越寇"正为越援鲁君以攻季氏,故又谓之"攻鄪"。周柄中《四书典故辨正》载或人之言曰:"越寇季氏,非寇鲁。"此言是也。《孟子》书有费惠公,《吕氏春秋·审势》亦言"以滕、费则劳,以邹、鲁则逸",是战国时确有费国。《秦策二》载甘茂言:"曾子处费。"足证《说苑》所言非虚语。

(五)越人伐齐 《说苑·立节》载:"越甲至齐,雍门子狄请死之。齐王曰:'矢石未交,长兵未接,子何务死之。'……雍门子狄曰:'今越甲至,其鸣吾君也。'……遂刎颈而死。是日越人引甲而退七十里,曰:'齐王有臣钧如雍门子狄,拟使越社稷不血食。'遂引甲而归。"此所叙越伐齐事,《史记》诸书失载。亦不知事在何时,为足恨耳。越北向用兵于鲁,或随即用兵于齐。《北堂书钞》引《世本》云:"越甲至齐,雍门狄请死。王曰:'此工师之罪,子何事焉?'车右曰:'王不见工师之为乘而见车鸣。'车右遂刎颈而死,越军闻之遂退。"事与《说苑》大同,可证非虚。《吕氏春秋·似顺》载有"越人兴师诛田成子"事,惟此事之"越人"似实指"吴人"。《似顺》之言曰:"越人兴师诛田成子曰:'奚故杀君而取国?'田成子患之。完子请率士大夫以逆越师,请必战,战请必败,败请必死。……曰:'君之有国也,百姓怨上,贤良又有死之,臣蒙耻。以完观之也,国已惧矣。今越人起师,臣与之战,战而败,贤良尽死,不死者不敢入于国。君与诸孤处于国,以臣观之,国必安矣。'"高诱注:"杀君,杀齐简公而取其国也。"考之《左传》,无越诛田常事。《庄子·胠箧》言:"田成子一旦杀齐君而盗其国,小国不敢非,大国不敢诛。"考之《史记》,当时各国亦无讨田常事。《左传》记陈恒(即田常)弑简公在哀公十四年,哀公二十二年越灭吴,越于未灭吴前不能有伐齐之事。越灭吴后,必齐人有另次弑君事以为越人兴师之口实。《史记·田齐世家》索隐引《竹书纪年》:"田侯剡立后十年,齐田午弑其君及孺子喜而为公。"《史记》失田侯剡一代。即若《吕氏春秋》所言之田成子为田午之误,越人亦不得兴师讨田午也。盖田午弑君之年为越王翳死后一年(公元前三七五年),即《竹书纪年》记越人二年三弑其君之际(见后),越之内乱方殷,不暇亦无力讨齐也。《左传》哀公十年载:"齐人弑悼公,吴子三日哭于军门之外。"十一年,吴伐齐,大败齐师于艾陵,获齐国书、陈书。传言陈僖子(田乞)谓其弟书曰:"尔死,我必得志。"陈书曰:"此行也,吾闻鼓而已(进军),不闻金矣(退军)。"然齐竟大败。《左传》记弑悼公者鲍牧,当田乞时。然《史记》两《齐世家》皆谓当田常时。是《史记》与《吕氏春秋》合而与《左传》不同。《吕氏春秋》所载田成子与田完应对之辞,其意亦略与陈僖子与陈书之言相似。是其所记之"越伐齐",实当为"吴伐齐"。《韩非子·说林上》载:"庆封为乱于齐,而欲走越。

其族人曰：'晋近，奚不之晋而可？'庆封曰：'越远，利以避难。'族人曰：'变是心也，居晋而可；不变是心也，虽远，越其可以安乎？'"庆封所奔，实为吴国，吴处之朱方，明载《左传》及《吴世家》。《韩非》则以为奔越，此与《吕氏春秋》之以吴伐齐为越伐齐正同，当是战国时人常以越称吴也。

（六）越、楚舟战 《墨子·鲁问》载："昔者越人与楚人舟战于江，楚人顺流而进，迎流而退，见利而进，见不利则其退难。越人迎流而进，顺流而退，见利而进，见不利则其退速。越人因此若势，亟败楚人。公输子自鲁南游楚焉，始为舟战之器，作为钩强之备，退者钩之，进者强之，量其钩强之长而为之兵。楚之兵节，越之兵不节，楚人因此若势，亟败越人。"是越、楚之战略当公输般在楚之前后。《墨子·贵义》言："子墨子南游于楚，献书惠王，惠王以老辞。"《渚宫旧事》注谓当惠王之五十年（公元前四三九年），即越王朱句之十年。核以墨子年事，此说可从。依《渚宫旧事》，公输般为楚作云梯以攻宋，在般为楚作舟战之器事后、墨子献书惠王之前，是越、楚之战略在朱句元年至十年之间（公元前四四八—前四三九年）。

（七）越拟封墨子 《越世家》索隐引《竹书纪年》："朱句三十四年灭滕，三十五年灭郯。"朱句即《世家》之王翳，在位三十七年（公元前四四八—前四一二年）。《墨子·鲁问》载："子墨子游公尚过于越，公尚过说越王，越王大悦。谓公尚过曰：'先生苟能使子墨子至于越而教寡人，请裂故吴之地方五百里以封子墨子。'"《吕氏春秋·高义》亦载此事，惟末句作"请以故吴地阴江之浦书社三百以封夫子"。孙诒让疑为王翁中晚年事，此说可从。

（八）越亡缯之年　《魏策四》载："缯恃齐以悍（捍）越，齐和子之乱而越人亡缯。"和子之乱，《史记·田敬仲世家》失载。《水经·瓠子水注》引《竹书纪年》言："晋烈公十一年，田悼子卒。田布杀其大夫公孙孙，公孙会以廪丘叛于赵。田布围廪丘。翟角、赵孔屑、韩师救廪丘，及田布战于龙泽，田布败逋。"《田敬仲世家》索隐引《竹书纪年》："齐宣公十五年，田庄子卒，明年立田悼子，悼子卒，乃次立田和。"又引《竹书纪年》："宣公五十一年，公孙会以廪丘叛于赵。"是即悼子死年。悼子死，和子继立，而田布、公孙会内讧，此当即所谓和子之乱。《吕氏春秋·不广》言："齐攻廪丘，赵使孔青（屑）将死士而救之，与齐人战，大败之，齐将死，得车二千，得尸三万以为二京。"《水经·汶水注》引《竹书纪年》："晋烈公十二年，王命韩景子、赵烈子、翟员（角）伐齐，入长城。"《吕氏春秋·下贤》言："魏文侯东胜齐于长城，虏齐俘献诸天子，天子赏文侯以上卿。"是所谓和子之乱，齐与三晋连年攻战，齐人皆败。此一大事，《田敬仲世家》竟失载，仅"田会自廪丘反"一句。述事既略，又失悼子一代，且将田会叛事误序于田和继立六年之后，遂致此"和子之乱"无从考见。晋烈公十二年（公元前四〇四年）为田和初立年，即越王翳之八年，《魏策》言"越人亡缯"当即在此年。由此观之，越人是时尚不弱也。

（九）王翳迁吴　《越世家》索隐引《竹书纪年》："王翳三十三年迁于吴。三十六年七月，太子诸咎弑其君翳。"越之迁吴，殆其势已衰，不能北向而争，于是南还于吴。《吕氏春秋·顺民》载："齐庄子（高诱注："齐臣"）请攻越，问于和子。和子曰：'先君有遗令曰：无攻越，越猛虎也。'庄子曰：'虽猛虎也，而今已死矣。'和子曰：'以告鸮子。'鸮子：'已死矣，以为生。'"高诱注："以为生，为民所悦。"田和子之时（公元前四〇四—前三八四年），略与越王翳相当（公元前四一一—前三七六年）。是时越已有"死虎"之喻，明其国势已不如往昔之盛矣。虽迁吴未必即弃琅琊，然已不能纵横淮泗间则无疑也。

（十）越人三世弑其君　《吕氏春秋·审己》载："越王授有子四人，越王之弟曰豫，欲尽杀之而为之后，恶其三人而杀之矣，国人不悦，大非上。又恶其一人而欲杀之，越王未之听，其子恐必死，因国人之欲逐豫，围王宫。"《越世家》索隐引《竹书纪年》："王翳……三十六年七月，於越太子诸咎弑其君。"越人弑君，惟诸咎弑王翳为以子弑父，是此越王授即王翳。高诱注《审己》言："越王授，勾践五世之孙。"自《竹书纪年》考之，勾践一世为菼执，鼫与二世为鹿郢，不寿三世为盲姑，王翁四世即朱句，王翳五世即王授,王之侯(无余之)六世即莽安,无颛七世(王子搜)即菼蠋卯。高说是也,当有所本。

《庄子·让王》言:"越人三世弑其君,王子搜患之,逃乎丹穴,而越国无君,求王子搜,不肯出,越人薰之以艾,乘以王舆……"(《吕氏春秋·贵生》同)。《越世家》索隐引《竹书纪年》:"王翳……三十六年七月,太子诸咎弑其君翳。十月,粤杀诸咎,粤滑吴人立孚错枝为君。明年,大夫寺区定粤乱,立无余之。十二年,寺区弟思弑其君莽安,次无颛立。"索隐并引乐资说:王子搜号曰无颛,此说可从。王翳、诸咎、莽安皆被杀,与"三世弑君"之说合,是无颛即王子搜也。惟《淮南子·原道》言:"越王翳逃山穴,越人薰而出之,遂不得已。"是王翳未尝被弑也。翳前仅不寿见杀,与"三世弑君"之说不合。疑此王翳当为王子搜之讹,《淮南子》叙事误也。《北堂书钞》卷一五八引此作"逃巫山穴"。《三国志·虞翻传》注引《会稽典录》载虞翻曰:"昔王翳让位,逃于巫山之穴,越人薰而出之。"当即本之《淮南子》。是《淮南子》本作"逃巫山穴"也。高诱注《淮南子·俶真》:"巫山在南郡。"苟尔,则越王翳何能至南郡之巫山?而越人又何能来南郡巫山薰之?是《淮南子》之说实有未足据者。高诱并注《吕览》《淮南》,不仅未予分别辨证,反而强相弥缝:于《贵生》注云:"王子搜,《淮南子》云:'越王翳也。'"是与《审己》之注自相矛盾而未觉察也。《论衡·命禄》言:"越王翳逃山中……越人薰其穴，遂不得免，强立为君。"亦当本于《淮南子》，皆未可据。

（十一）莒恃越而灭 《齐策五》载："昔者莱、莒好谋，陈、蔡好诈，莒恃越而灭，蔡恃晋而亡。"《楚世家》载："简王元年，北伐灭莒。"此为越朱句之十八年（公元前四三一年），时越方强盛，楚亦无由北至于莒，此疑有误。《墨子·非攻中》言："东方有莒之国者，东者越人夹削其壤地，西者齐人兼而有之。"则灭莒者宜为齐国。《战国策·西周策》载宫佗谓周君曰："郑、莒亡于齐，陈、蔡亡于楚，此皆恃援国而轻近敌也。"是莒恃越为援国而终为齐所灭也。此以齐为近敌，当在越王翳徙吴之后。越既徙吴，则莒之去越远而去齐近；若越犹都琅琊，则当为齐远而越近也。《田敬仲世家》载：威王二十四年（公元前三三三年），与魏王会田于郊，威王曰："吾臣有檀子者，使守南城则楚人不敢为寇，东取泗上十二诸侯皆来朝。"索隐以"郑、莒、宋、鲁之地"即十二诸侯。齐之灭莒当即在威王时。《越世家》载：齐威王使人说越王无疆，越王曰："愿齐之试兵南阳、莒地，以聚常、郯之境。"此当楚威王七年，即齐威王二十四年。是在此之前，莒已为齐所灭。《田敬仲世家》又载："威王初即位……九年之间，诸侯并伐，国人不治……遂起兵西击赵、卫，败魏于浊泽而围惠王，惠王请献观以和解，赵人归我长城，于是齐国震惧，人人不敢饰非，务尽其诚，齐国大治。诸侯闻之，莫敢致兵于齐二十余年。"是齐人东取泗上及灭莒并威王九年至二十四年间事。《魏世家》载：惠王三十年，外黄徐子谓太子申曰："太子自将攻齐，大胜并莒，则富不过有魏，贵不益王。"魏惠王三十年为齐威王十六年。此所谓"大胜并莒"之"莒"，即"恃越而灭"之莒，则齐之灭莒应为威王九年至十六年间事。《魏世家》索隐引《竹书纪年》云："二十八年与齐田朌战于马陵。"是役也，齐虏太子申。则外黄徐子之说太子申在齐威王十四年，是灭莒应为齐威王九年至十四年（公元前三四八—前三四三年）间事，当越王无颛三年至八年。《魏世家》正义释"大胜取莒"云："莒，密州县也，在齐东南。"此正故莒地。齐威王十四年前已有莒地，"莒恃越"而齐灭莒，是越于时显已衰矣。《战国策·韩策三》载："或谓山阳君曰：'秦封君山阳，齐封君以莒。……今楚攻齐取莒。'"当是齐先灭莒，而后楚取莒于齐。此当为楚顷襄王时事。《楚世家》云：顷襄王"十五年（公元前二八四年），楚王与秦、三晋、燕共伐齐，取淮北。"楚之取莒，必在灭宋、取淮北之后地始相接。司马迁徒知楚后之有莒，既不明其取之于齐，又不审其当为楚顷襄王时事，径于楚简王元年大书"北伐灭莒"，其误甚矣。

（十二）勾践至无彊及无彊至摇代数 《越世家》云："楚威王……大败越，杀王无彊，尽取故吴地，至浙江。……而越以此散。诸族子争立，或为王，或为君，滨于江南海上，朝服于楚。后七世至闽君摇，佐诸侯平秦，汉高祖复以摇为越王,以奉越后。东越、闽君,皆其后也。"《汉书·地理志》言:"勾践后五世为楚所灭。子孙分散,君服于楚。后十世至闽君摇,佐诸侯平秦,汉兴,复立摇为越王。"《汉书·古今人表》:"越王无彊,勾践十世,为楚所灭。"与《地理志》云"五世"不同。由《越世家》言之,无彊为勾践后六世,并勾践则为七世。《人表》以无彊为勾践"十世",当为"七世"之误。《地理志》以摇为"十世",与《越绝书》所记世数合。《越世家》说摇为"七世",又应为"十世"之误。古书"十""七"两字每以形近互误。好古敏求之士不可不慎也。

(十三)汉高封无诸 《史记·东越列传》云:"闽越王无诸及越东海王摇者,其先皆越王勾践之后也。姓驺氏。秦已并天下,皆废为君长,以其地为闽中郡。及诸侯畔秦,无诸、摇率越归鄱阳令吴芮,所谓鄱君也。从诸侯灭秦。当是之时,项籍主命,弗王,以故不附楚。汉击项籍,无诸、摇率越人佐汉,汉五年复立无诸为闽越王,王闽中故地,都东冶。孝惠三年,举高帝时越功,曰:'闽君摇功多,其民便附。'乃立摇为东海王,都东瓯,世俗号为东瓯王。"是无诸为汉高所封、君摇为惠帝所封,事至明也。然《越世家》则谓"汉高帝复以摇为越王",两篇显相矛盾。《汉书·两越传》依《东越列传》为说,而《地理志》又依《越世家》为说;马、班两家之书皆自相违戾,不能归于一是。考《汉书·高帝纪》载:五年诏曰:"故越王无诸世奉越祀，秦侵夺其地，使其社稷不得血食。诸侯伐秦，无诸身帅闽中兵以佐灭秦，项羽废而弗立，今以为闽越王，王闽中地，勿使失职。"《惠帝纪》云："三年夏五月，立闽越君摇为东海王。"两帝纪与《东越列传》合，与《越世家》不合。《汉书·高帝纪》十二年诏曰："南武侯织亦越之世也，立以为南海王。"《汉书》帝纪所记此三事，《史记》本纪皆失载，《汉书》系据诏书，自为可信，而《越世家》则不免凿空也。

（十四）越与泗上十二诸侯　《淮南子·齐俗》云："越王勾践，劗发文身，……南面而霸天下，泗上十二诸侯，皆率九夷以朝。"《越世家》载：勾践时，"越兵横行于江淮东，诸侯毕贺，号称霸王。"《吴越春秋·勾践伐吴外传》云："勾践寝疾，将卒，谓太子兴夷（《越绝书》作"与夷"）曰：'吾……从穷越之地，籍楚王之前锋，以摧吴王之干戈，跨江涉淮，从晋、齐之地，功德巍巍，自致于斯。'"此数记载皆足以明越王之政令行于淮北也。然《楚世家》则谓"越已灭吴而不能正江淮北，楚东侵广地至泗上"，此与《越世家》之说显相矛盾。后世皆知《楚世家》之为误说也。然《史记》之说如此，当亦有因。其疑盖在"泗上十二诸侯"一语。"十二诸侯"之文屡见于战国，首尾数百年。谓"越兵横行于江淮"，是"十二诸侯率九夷以朝"，而越亦徙都琅琊。谓"越不能正江淮北"，是十二诸侯犹自在也，仅一时朝服于越而已。此乃当时情实。必以《淮南子》之言补《史记》之略，其义自明。仅自《史记》之《越世家》《楚世家》率尔读之，则相矛盾矣，且亦与当时情实不合。至谓"楚东侵广地至泗上"，则大谬不然。楚广地至泗上之事至晚，《史记》以后来之事移于二百年前，此史公之误也。

"十二诸侯"一语，为战国游士所习用。《齐策五》载卫鞅说魏王曰："今大王（魏惠王）之所从十二诸侯，非宋、卫也，则邹、鲁、陈、蔡。"《楚世家》载楚人以弋说顷襄王曰："邹、费、郯、邳者，罗鸷也。"《吕氏春秋·慎势》云："以滕、费则劳，以邹、鲁则逸。"《国语·郑语》云："东有齐、鲁、费、宋、滕、薛、邹、莒。"《田敬仲世家》索隐亦以邾、莒、鲁、宋释十二诸侯。若卫鞅之举陈、蔡，本为淮北之国，亦在十二诸侯之列。是"十二诸侯"者，系泛指诸附庸小国，固不能拘于十二国之数；小国以泗上为多，故每言"泗上十二诸侯"，然亦不限于泗上也。此淮泗间诸小国，多东方少数民族所建，为较中原后进之地。滕为周文王之子叔绣所封，然亦深染于少数民族风习。《春秋》隐公七年（公元前七一六年）"滕侯卒"，《穀梁传》曰："滕侯无名，少曰世子，长曰君，狄道也。其不正者名也。"此明滕用戎狄之俗，少时但称世子，长而即位但称君，皆无名字，非其正嫡然后有名。滕尚染于狄道，余更不难逆知。凡于少数民族，惟有通过其原有之首领乃易进行统治，故其国虽屡遭破灭，而其原有首领之地位则依然固我。《宋策》言"康王灭滕",金正炜《国策补释》云:"《世本》称齐景公亡滕,《汉书·地理志》《水经注》并云齐灭滕,《竹书纪年》书于越灭滕,《春秋正义》谓滕三十一世为楚所灭,《春秋释例》又云滕自叔绣以下至公丘三十一世为秦所灭。今据《赵策》苏代所言秦起中山与滕而赵宋同命,以证此策,自视诸书为可据。"金氏集论诸国灭滕则是,而必以宋灭滕为可据则固矣。盖战国时诸小国所谓破都灭国者,多不过侵夺虏掠,系缧其人民、迁其重器而已。如陈为楚庄王所灭,后又为楚灵王、楚惠王、楚悼王三灭其国,至梁惠王时陈犹在也。知此,然后知十二诸侯始终之故。滕、陈如此,其他小国当莫不然,虽几经灭国,而其国犹自在也。以此论之,不仅勾践不能正江淮北,齐威、梁惠、齐闵亦皆如此。方其称霸势张之际,诸此小国莫不服属,及其势衰力弱,诸此国遂又朝服于他国矣。齐威王之封田婴于薛,吴封季札于州来,楚封春申于吴,度其意皆不过欲控御诸此小国,未必能直接统治也。越之徙都琅琊,当亦寓有此意。

越之方强,泗上十二诸侯朝于越,魏、齐强,则十二诸侯遂转而朝于魏、齐。《齐策五》载卫鞅谋于秦王曰:"魏……令行于天下,有十二诸侯而朝天子,其与必众。"《秦策五》言:"梁君伐楚、胜齐,制赵、韩之兵,驱十二诸侯以朝天子于孟津。"是十二诸侯服率于魏也。《田敬仲世家》载齐威王曰:"吾臣有檀子者,使守南城则楚人不敢为寇,东取十二诸侯皆来朝。"是诸国又转而朝服于齐也。此皆战国前期事。《燕策一》载苏代言:"今夫齐王,长主也。……南面而举五千乘之劲宋,而包十二诸侯。"《田敬仲世家》亦载:湣王灭宋,"泗上诸侯邹、鲁之君皆称臣"。此战国后期事,是泗上十二诸侯又服于齐湣王也。《楚策一》载张仪说楚怀王曰:"举而东指,则泗上十二诸侯尽王之有已。"《楚世家》载楚人以弋说顷襄王亦曰:"泗上十二诸侯,左萦而右拂之,可一旦而尽也。"是于斯时,楚人亦垂涎于泗上诸国也。以见北则齐、魏,南则楚、越,皆以争泗上十二诸侯为事。而此诸国亦以处于数强之间而能长期保存不为吞灭。楚人于灭宋、破齐(湣王)之后,竟亦能北至泗上,然此已当楚顷襄、考烈之时,已为战国末世矣。

(十五)吴、越、楚、齐争淮上地 《韩非子·说林下》云:"越已胜吴,又索甲于荆而攻晋。左史倚相谓荆王曰:'夫越破吴,豪士死,锐卒尽,大甲伤,今又索甲以攻晋,示我不病也,不如起兵与分吴。'荆王曰:'善。'因起师而从越。越王怒,将击之。大夫种曰:'不可,吾豪士尽,大甲伤,必不克,不如赂之。'乃割露山之阴五百里以赂之。"《说苑·权谋》所载与此略同,唯末段作:"庄王(当为"荆王"之误)听之,遂取东国。"《韩诗外传》卷八载:"越王勾践使廉稽献民于荆王。"应即献此东国之民数。《越世家》云:"勾践已去,渡淮南,以淮上地与楚,归吴所侵宋地于宋，与鲁泗东方百里。"此言"以淮上地与楚"，与《韩非子》说合。《左传》昭公二十三年（公元前五一九年）"吴伐州来"。州来，楚邑，在寿春，此吴取楚地。《汉书·地理志》云沛郡下蔡县："故州来国，为楚所灭，后吴取之。"吴季札先封延陵，称延陵季子。《左传》昭公二十七年称"延州来季子"。杜预曰："季子本封延陵，后复封州来，故曰延州来。"是也。顾祖禹说"东国"为"寿春以东"，此义甚精，正州来以东五百里。所谓"淮上"，兼淮水南北而言。"以淮上地与楚"，当即还吴所侵楚州来之地也。

　　《越绝书·外传本事》云："勾践之时，天子微弱，诸侯皆叛。于是勾践抑强扶弱，绝恶反之于善，取舍以道，沛归于宋，浮陵以付楚，临沂、开阳复之于鲁，中国侵伐，因斯衰止。"此用汉代郡县为说：临沂、开阳为汉东海郡两县，即"与鲁泗东方百里"也；浮陵以付楚，即"以淮上地与楚"也；"沛归于宋"，即"归吴所侵宋地于宋"也。《汉书·地理志》言：宋"为楚、齐、魏所灭，三分其地，魏得其梁、陈留，齐得济阴、东平，楚得其沛"。是沛原为宋地，后为吴所夺，越灭吴而沛复归于宋，至楚、齐、魏三国灭宋而后沛归于楚。汉代沛郡之地至广，然楚所得宋地亦略可考：《秦策四》载黄歇上书秦昭王曰："秦楚之兵构而不离，魏氏将出兵而攻留、方与、铚、胡陵、砀、萧、相，故宋必尽。"《新序·善谋》与此同。高诱注云："七邑，宋邑也。宋，战国时属楚，故言故宋必尽。"此说楚所得宋地既明且详。知楚于灭宋之前不得至于泗上也。故《楚世家》言惠王时"楚东侵广地至泗上",实为大谬。《齐策四》载苏秦对齐王(《田敬仲世家》以为苏代对齐湣王)曰:"王以其间举宋,夫有宋则卫之阳城危,有淮北则楚之东国危。"此论楚、齐、魏三国未灭宋时淮泗地区之形势至明。宋之淮北与楚之东国实为两地。《燕策一》载:齐伐宋急,苏代遗燕昭王书曰:"夫破宋残楚,淮北肥大。……以宋加之淮北,强万乘之国也。而齐并之,是益一齐也。……因驱韩、魏以伐齐,曰必反宋地,归楚之淮北。"是楚之东国亦有淮北地也,则楚之淮北为宋以西地。"以宋加之淮北",此齐之淮北,为宋以东地。齐靖郭君封薛,此正齐之淮北。此数不同之"淮北"既明,则淮泗地区之形势易明矣。

《宋策》载:宋康王"灭滕、伐薛,取淮北之地"。此与《宋世家》言宋王偃"东败齐,取五城;南服楚,取地三百里"为一事。《田敬仲世家》载湣王三十八年:"齐遂伐宋,宋王出亡,死于温,齐南割楚之淮北。"此说非是。《宋世家》言:"齐湣王与魏、楚伐宋,杀王偃,遂灭宋而三分其地。"楚方与魏、齐共分宋地,"楚得其沛",则齐何得"南割楚之淮北"?此显相矛盾。《燕策二》载乐毅言:"淮北宋地,楚、魏之所同愿。"此灭宋后乐毅谋合五国以攻齐时之形势。《齐策六》载:齐淖齿之乱,齐明谓楚王曰:"王即欲以秦攻齐,淮泗之间亦可得也。"此燕与五国攻齐时之形势。《楚世家》载:顷襄王十五年,"楚王与秦、三晋、燕共伐齐,取淮北。"此五国破齐而楚取齐淮北也。《秦策四》载:顷襄王二十年,黄歇上书秦昭王曰:"秦楚之兵构而不离,魏将出兵。……故宋必尽,齐人南面,泗北必举。"此为乐毅破齐后之形势。是秦、楚长期争战,则予齐人以夺取泗北之机。战国中期,齐于泗上淮北势力较大,六国破齐而后,楚人独强于淮北泗上,考烈王因得夺取越之琅琊,而越人遂尽失淮泗之土矣。

(十六)吴、越与徐戎　前论越人于春秋战国之际已北达汉代之临淮地区。《史记・货殖列传》谓:"朐、缯以北,俗则齐。"朐、缯皆在东海郡,南即临淮,临淮即干越也,为古邗国之地。已详前《越人迁徙考》,此不赘论。吴、越之兴在春秋末叶,吴、越未兴前,临淮建国以徐为最著。西周之初,商、奄等四国叛周,而"淮夷、徐戎并兴",载于《尚书・费誓》。《左传》昭公元年(公元前五四一年)载赵孟言:"商有姺、邳,周有徐、奄。"徐、邳皆在汉临淮郡,后汉之下邳国。徐衰而后吴、越继兴。《左传》昭公三十年载:"吴子执钟吾子,遂伐徐,防山以水之,己卯,灭徐。徐子章禹断其发,携其夫人以逆吴子。"章禹断发之事颇奇,岂徐亦为断发之俗者耶? 故探究吴、越前期之历史必及于徐戎之历史。

考徐事自以徐偃王为最著。《礼记・檀弓》云:"邾娄考公之丧,徐君使容居来吊含。……容居对曰:'……昔我先君驹王西讨,济于河。'"是徐之先世之强大者有驹王,然此无可深考,姑置勿论。

《汉书·地理志》载:临淮郡"徐,故国,盈姓,至春秋时徐子章禹为吴(或误为"楚")所灭"。狄子奇《战国策地名考》谓徐"在泗州故虹县境"。谢钟英《三国疆域表》谓在"今泗州盱眙县西北八十里"。此徐建都所在,皆不出干越地区。《水经·济水》云:济水(即泗水)"又东南过徐县北,又东至下邳睢陵县入于淮"。此古泗水入淮旧道。《水经·淮水注》言:"淮水又东径徐县南。"明徐之建国,北泗南淮以为固。《淮水注》又言:"淮水又东,蕲水注之。水首受睢水于谷熟城东北。……(蕲水)又东流,南北长直故渎出焉。……又东南流入徐县,绝历涧,又东径大徐故城南,又东流注于淮。淮水又东历客山,径盱眙县故城南。"是大徐故城在蕲水之东。蕲水北通睢水,南通淮水,在大徐城西,而东则为淮泗之会(淮阳城)。又所谓南北长直故渎者,长直南渎出蕲入汳,汳则出蕲入涣再入淮;长直北渎出蕲入乌慈水再入睢。详见《睢水注》《淮水注》。此南北长直故渎更近在大徐城之西。又八丈故渎亦出汳水,而北注于睢。是大徐故城四周,众水绕之。汳水注涣在虹城南,故说徐在虹县境、在盱眙县北,均无不可。吴之灭徐,"防山以水之",其因亦在于此。惟古地之名徐者多,战国诸侯会徐州以相王,楚围徐州(《齐策一》高注"或作舒州"),《续汉书·郡国志》:"薛,本国,六国时曰徐州",在今滕县。《田敬仲世家》:"陈恒执简公于徐州。"《春秋》作舒州。正义云："齐之西北界上地名，在勃海郡东平县也。"故齐威王言："使黔夫守徐州，则燕人祭北门，赵人祭东门。"《说文》："郐，邾下邑地，鲁东郐城。"此岂皆徐强大之时国威所至者耶？《博物志》以偃王为楚所败，逃走彭城武原县东山下，遂名其山为徐山。《水经注》以下诸书从之。此不过牵合晋唐时彭城名徐州之制言之耳，不足据也。

《史记·秦本纪》云："造父以善御幸于周缪（通穆）王。……（缪王）西巡狩，乐而忘归。徐偃王作乱，造父为缪王御，长驱归周，一日千里以救乱。"《赵世家》云："缪王使造父御，西巡狩，见西王母，乐之忘归。而徐偃王反，缪王日驰千里马攻徐偃王，大破之。"此《史记》两记周攻徐偃王皆缪王自行，无与于楚。

《韩非子·五蠹》云："徐偃王处汉东，地方五百里，行仁义，割地而朝者三十六国。荆文王恐其害己也，举兵伐徐，遂灭之。"《淮南子·人间》云："昔徐偃王好行仁义，陆地之朝者三十二国。王孙属谓楚庄王（"庄"为"文"之误，见同书《氾论》并高诱注）曰：'王不伐徐，必反朝徐。'……楚王曰：'善。'乃举兵伐徐，遂灭之。"《说苑·指武》文同《人间》。惟"楚庄王"作"楚文王"。此两书皆言楚伐徐而不及周。

于此可见，周缪王破徐为一事，楚文王灭徐又一事，先后各别。徐自两代皆称偃王，不得以名偃王即一人也。

谯周作《古史考》，不知徐先后有两偃王，因谓"徐偃王与楚文王同时，去周穆王远矣"（《赵世家》索隐引）。《秦本纪》正义亦言："按年表穆王元年去楚文王三百一十八年。"张华《博物志》虽合先后两事为一，但言："周王闻之，遣使至楚，令伐之。"既不言周穆王，亦不言楚文王。《水经·济水注》直取其说。《后汉书·东夷传》云："徐夷僭号，乃率九夷以伐宗周，西至河上。穆王畏其方炽，乃分东方诸侯，命徐偃王主之。……偃王处潢池东，地方五百里，行仁义，陆地而朝者三十六国。穆王乃使造父御以告楚，令楚伐徐，一日而至。于是楚文王大举兵而灭之。"此显为袭取张华谓周令楚伐徐之说，而又径以为周穆王令楚文王，何意范蔚宗之谬一至于此。其言"徐夷僭号，乃率九夷以伐宗周，西至河上"，亦显取《檀弓》"驹王西讨，济于河"之事强相牵合，直将前后相距逾三百年之三人之事混于一人之身，妄诞甚矣。

徐有与周穆王同时之偃王，复有与楚文王同时之偃王，此当分别论之。《左传》昭公四年："穆有涂山之会。"涂山在后之当涂。当以穆王伐徐，因会诸侯于涂山也。《竹书纪年》载：穆王南征，"东至于九江，比鼋鼍以为梁。"应与伐徐为同一事。最奇者为王逸《离骚章句》言："似穆王之越海，比鼋鼍以为梁。"王逸后汉人，时汲冢诸书（《穆天子传》《竹书纪年》等）未出，已先有此传说，与《纪年》文亦大同，惟地名差异耳（王逸以为"越海"，《纪年》以为"至九江")。《竹书纪年》出自冢间，往往散乱，岂荀勖辈疑越海之文而意定为九江耶？后之征引《竹书纪年》，或作"伐楚"，或作"伐越"，显皆以意改定。今本《纪年》牵合其说云"伐楚遂伐越"，更不足据。盖其时楚、越皆非强大，未能及于江淮也。《秦本纪》正义引《括地志》云："大徐城在泗州，徐城在县三十里，古徐国也。"后又引《括地志》云："徐城在越州鄮县东南，入海二百里。《夏侯志》云：翁洲上有徐城，传云昔周穆王巡狩，诸侯共尊偃王。穆王闻之，令造父御乘骍骝之马，日行千里，自行讨之，或云命楚文王率师伐之，偃王乃于此立城以终。"此《夏侯志》，未知何书？《太平寰宇记》卷九六谓越州会稽县有翁洲，引《郡国志》云："徐偃王昔居翁洲。"或此《郡国志》即夏侯氏所作，为六朝人书。《元和郡县志》言：明州"鄮县：翁洲，入海二百里，其洲周环五百里，有良田湖水，多麋鹿"。翁洲即今之舟山群岛。《括地志》于徐偃王国，分说有泗州之古徐城，有越州之徐城，此与王逸所云穆王越海事颇相合。《舆地纪胜》卷一二载：台州有"古城，在黄岩县南三十五里。……故老云，即徐偃王城，城东偏有偃王庙。"则越州、台州皆偃王所至，宜穆王越海以讨之。穆王西巡至昆仑之丘，北征积羽千里，其能东征越海，夫复何疑。勾践子孙尚且"或为王，或为君，滨于江南海上"，徐事亦正与越相类。越州为古之越国，台州为古之东瓯。知徐当时亦兼有瓯越之地。《路史·国名记己》引《竹书纪年》作"伐纡",朱右曾云:"纡当作纾,形近而讹。纡、舒通用,今安徽庐州府,古群舒也。"此或未然。《汉书》吴越之越皆作"粤","扬粤"字有作"雩"者,粤、雩、纡(纡异体)皆从亏,是"伐纡"即伐越事。徐偃王处翁洲,周穆王至越伐之,周穆越海当即在此。

《韩非子》言徐偃王行仁义,割地而朝者三十六国,荆文王举兵伐徐,遂灭之。言荆文王灭徐事以韩非为最先,然割地而朝之说殊可疑。偃王既行仁义而诸侯朝之,何须割地?况三十六国岂尽与徐境壤相接,又何能皆割地以界徐?《淮南子》两言陆地而朝者三十二国,《后汉书·东夷传》亦作陆地而朝,"陆"当非误字,惟义亦难明。《论衡·非韩》言:"徐偃王修行仁义,陆地朝者三十二国,强楚闻之,举兵而灭之。"王充诋斥韩非之论,应即根据韩非之文,知汉人所见韩非书作"陆"不作"割"也。宋本《韩非子》作"割",当为后人以"陆地而朝"语不易解,因妄改为"割",岂知义更难通。盖周穆王既越海以讨徐,因徐有都在翁洲,有城在台州,地皆滨海。韩非之意谓陆地之朝者三十六国,其余海中之国亦来朝,或亦以什计,特韩非未知果有若干国耳。以穆王之"越海"及徐之建国翁洲论之,自应有海外领地。是勾践之"引属东海外越"实承继徐偃之前规,汉代之东鳀、孙吴之夷洲,实又袭勾践之余烈,其所自来,固已远矣。荆文王与齐桓公同时而略前,荆文、徐偃之事,《春秋》《左传》略无记述,殆楚之伐徐在齐桓始霸之前，为《春秋》内其国而外诸夏之时，于夷狄之事皆略不为意。《韩非》言"蹇叔处干而干亡"，干即古邘国，在临淮，干当为吴所灭，后为吴地，其亡即在蹇叔之时，此亦略前于齐桓，亦《春秋》《左传》所不记，其义正同。三晋之史，比邹鲁为详，于此益明。

自周穆王至荆文王（公元前六八九—前六七七年）三百余年，其间周宣王尝用兵于徐淮。自周宣至荆文亦一百三十八年（公元前八二七—前六八九年）。周宣王命召穆公平"南国"，其事著见《诗》三百篇。《大雅·常武》之诗曰"率彼淮浦，省此徐土"，曰"濯征徐国"，曰"徐方绎骚"，曰"徐方震惊"，以至"徐方既来，徐方既同"，"徐方来庭，徐方不回"。《大雅·江汉》之诗曰"淮夷来求"，曰"淮夷来铺"，曰"于疆于理，至于南海"。周既"铺敦淮濆，仍执丑虏"，遂以疆理南海。周克徐淮因以疆理南海，则徐之领地必及于海中，事至明也。《周礼·秋官》有闽隶、貉隶，《逸周书·王会》有越、瓯，《山海经·海内南经》言瓯、闽皆在岐海中。《王会》复有"青丘狐九尾，周头辉觟"。孔晁注："青丘，海东地名"，"周头，亦海东夷"。司马相如《子虚赋》："秋田乎青丘，彷徨乎海外。"服虔云："青丘国在海东三百里。"（《司马相如列传》正义引）王褒《四子讲德论》："昔文王应九尾狐而东国归周。"是文王时青丘即来享来王也。周衰而海东之国朝服于徐，周宣克徐再疆理南海。至春秋之初，海东之国又从服于徐。《吕氏春秋·简选》云:"阖闾东征至于庳庐,西伐至于巴蜀。"阖闾灭徐,徐子章禹断发以迎吴子。吴建国东海之滨,其东征能及于东海更无疑义。《赵策二》言:"黑齿、雕题,鳀冠秫缝,大吴之国也。"《海内东经》黑齿在青丘北,是亦海东之国也。越承吴后,奄有外越。徐既衰灭而吴、越勃兴,凡吴、越之所率服略皆徐之属土,亦即周之东土,惟盛衰不常,其事遂若明若昧耳。惟《檀弓》所叙驹王西讨济河之事,别无他书足证。《后汉书》东夷、西羌诸传多引《汲冢纪年》之文。其《东夷传》云:"厉王无道,淮夷入寇,王命虢仲征之不克,宣王复命召公伐而平之。"则驹王西讨或即厉王时淮夷入寇之事,召穆公所平,正是"濯征徐国"。自周初"淮夷徐戎并兴",至徐偃僭号,穆王越海以破之;厉王时驹王西讨,宣王命召公平之;春秋初期,荆文灭之;春秋之末,吴又灭之,徐子章禹奔楚;于是徐亡而吴、越代兴矣。勾践之外越、汉之东鳀、吴之夷洲,即今之台湾、澎湖,既有明证,已别论之。至于青丘、周头、庳庐之属,方位至为明显,其地虽难确指,要当皆在东海中也。至所谓"周有徐、奄",奄事不多见,歧义亦多,郑玄《尚书大传注》言:"奄国在淮夷之北。"(《周本纪》集解引)《越绝书·记吴地传》言:"毗陵县南城,故古淹君地也。东南大冢,淹君子女冢也。"是奄君尝居毗陵也。汉毗陵县治今江苏常州,然此究苏奄之南迁,抑为奄君先在南而后北徙,若防风、汪芒之比,则无以明之矣。

《禹贡》于扬州言"岛夷卉服",又言"厥篚织贝"。郑注以"草服"释"卉服"。又曰:"贝,锦名也。……凡织者,先染其丝织之即成矣。"是织贝为较精美之丝织品,而卉服则为粗陋之物。唐人以葛绤释卉服,此未必然。葛绤屡见于三百篇,何必岛夷以卉服见异?扬州之岛夷卉服与冀州之岛夷皮服相对为文,显不得为葛绤也。扬州岛夷究指何地?若指翁洲而言,即舟山群岛,既与大陆织贝之区较近,其文化当不能相远;若是,岂能仍袭卉服?知扬州之岛夷卉服,必为较远于大陆之处,或即指台湾等地。《禹贡》诚不易定为何时之书,但终是先秦古籍,与《江汉》言"于疆于理,至于南海",其义可相互发明。据周宣"濯征徐国","至于南海",推论周室国力已及于卉服岛夷之地,当非臆度。大徐城在盱眙县北,由《史记·货殖列传》言之,朐、缯以南皆为越俗,故汉初薛、留、丰诸地皆有越将,大徐城地处朐、缯、丰、薛以南,岂徐戎固与越人同其族类耶?故徐子章禹断发而迎吴子也。徐戎久居淮域,地接中原,早通诸夏,渐习华风,与其南之吴、越、瓯、闽遂渐不同,亦意中事。徐衰而吴、越代兴,吴、越之霸业即徐戎之霸业,吴、越之版图亦徐国之旧壤,自淮域至于东南百越之区,及乎东海外越之地,皆以此徐越瓯闽之族筚路蓝缕,胥渐开辟,其于我伟大祖国之历史贡献岂小也哉!

　　1964年秋,越南河内综合大学某君,致函先君并徐中舒、邓少琴两前辈,请教越史疑义。先君以其事涉国际也,未可以平素所知率尔答之,于是乃深研越史。讵知研究伊始,"四清运动"即临,继之以"十年浩劫",先君再遭迫害,系缧于"牛棚"者累年。虽然,日间疲惫于"劳改",夜晚归家犹撰述弗辍也。1968年5月,初稿竣。然尚未及修改定稿,再阅月竟含恨辞世矣;而此稿遂为先君绝笔之作焉。原稿计二十目,约十万言,大略悉皆针对近世说越史者之纰缪而发,颇多关涉越史之重要问题。粉碎"四人帮"后,人民出版社编辑部访先君遗著,默因首出此稿以应,编辑部亟命尽速整理以付剞劂。然此稿着笔于"浩劫"之中,觅书不易,初稿虽竣,余事尚夥。故整理之际,于所用史料悉予查核,于篇章节目略加调整,而文字亦稍有改易。又近数年来,默亦从事我国南方民族史之研索,闻见所及有足补充发明先君之论说者,或亦酌情增入。设此编之所考论能有补于学术,是固先君之旨也;苟有差误参错其间,则默不敢辞其咎。

蒙默　整理后记

1980年10月于四川大学